老後はひとり暮らしが幸せ

自由に気ままに、最後まで。

辻川覚志 著
医学博士・大阪府医師会広報委員会副委員長

水曜社

はじめに

年を重ねてからひとりになったら、どうしますか。そのままひとり暮らしを始めますか。それとも同居やホーム入所を考えますか。元気なときはまだしも、体が弱ればどうしますか。

これらの問題は、どなたにとっても大きな問題だと思います。そこで、現在同居している人やひとり暮らしの人に、日常生活における満足度を聞いてみました。結果は、ひとり暮らしの人の方が、同居の人と比べて、より満足して暮らしておられることがわかりました。しかも、ひとり暮らしで子供を持つ人と持たない人とで、満足度はまったく変わらないこともわかりました。

ひとり暮らしです。たとえ、年齢を重ねて体が弱ってきても、誰も助けてくれません。そんな状況で、どうして家族と一緒に幸せに暮らしている人より、幸せなのでしょうか。体が弱ってきたときに、どうされているのでしょうか。子の有無は、ほんとに満足度と関係ないのでしょうか。

人は何をするにしても、ある事をやって自分が満足したから、良かったと感じます。日常生活においても同様で、日々を満足して暮らせば、良い暮らしをしたと感じるはずです。

逆に、不満に満ちていれば、ひどく味気ないものに感じるだろうと思うのです。たとえどのような状況に置かれていても、その人が満足しておれば、その日々は、その人にとって有意義で、充実していると言っても良いと思います。そのために、人の満足感から高齢期の生活を見直すと、いったいどのように見えるだろうかと考えたのです。

ひとり暮らしの人が、高齢期を迎えて、今後の過ごし方として考えられる選択肢は、理屈の上では、子を持つ人は、独居・同居・ホーム入所の3つであり、子を持たない人は、独居・ホーム入所のふたつになります。これらを比較検討して、その人にとっていちばん満足できる選択肢はどれかを検討したいのですが、それを判断するための情報が決定的に不足していることに気づきます。しかし、どうしても、この問題に正面から取り組み、心身ともに元気な内に、自分自身の答えを見つけ出しておかなければ、真の意味で、心穏やかに老後の暮らしをおくることができないと思います。というのは、年を重ねるごとに、徐々に体の力は落ちていき、いつかは必ず動けなくなるときがきます。また、ホームなどの高齢者向けの施設へ入所しようとするならば、心の準備や経済的な面も十分に検討した上で、やらなければならない一大事業となります。このようなことは、気力や体力が充実している内に、やっておかなければ、なかなかそう簡単にできる話ではありません。判断が遅れると、いざというときに対応できなくなるだけでなく、年とともに心身が衰えていき、悩みを増しながら、日々苦しむことになりかねないからです。

大阪府門真《かどま》市医師会では、平成23年9月から、ひとり暮らしの60歳以上の人を対象に、電話で健康に関する情報をお互いに交換するお手伝いをしています。この対象者に加えて筆者は、平成25年4月から5月にかけ、筆者の診療所を受診されたすべての60歳以上の方々を加えた、独居・同居者の合計484名の方々に、年齢、性別、満足度、悩みの程度、いろいろな状況などについてアンケート調査を依頼し、460名の方々から許可と回答を頂きました。また、さらに、このアンケート結果について、さまざまな年齢層の方々から頂いた意見も加味しながら、高齢期にどのように暮らせば、いちばん幸せに暮らすことができるのかを考えてみました。

その結果、ひとり暮らしがもっとも現実的で、理想の姿であり、もっとも幸せに近いことがわかりました。また、医療や介護の助けを得ることができれば、ひとり暮らしを支える人たちにも、それほど大きな負担をかけずに、充分にひとり暮らしの高齢者を支えることができるということもわかりました。

この本では、門真市医師会の活動と筆者の独自のアンケート調査から得られた結果をご紹介し、老後の過ごし方について考えてまいります。60代以上の方はもとより、高齢者を支える世代にもぜひ読んで頂ければと願うものです。

目次

1章
なんでひとりで寂しくないの

ひとり暮らしをされている60歳以上の１４３人に日常の暮らしぶりを伺ったところ、家族と一緒に暮らす３０２人よりも満足して暮らしていることがわかりました。誰でも、年をとっていけば、いろいろなところに、具合の悪いところが出てきます。足や腰が痛いだけでなく、内臓の病気や、けがをされることもあるかもしれません。ひとり暮らしをしていると、そのような時でも、何もかもひとりで対応しなければなりませんから、とても厳しい状況に追い込まれるはずです。なのに、満足しておられたのです。

若い頃でも、体の具合が悪くなってしまえば、家族の援助がとてもありがたかったと記憶しています。年をとってくると、若い頃と違って、なかなか思うように体が回復してくれません。回復に時間がかかるのです。ですから、若い人がひとりで暮らしているのと違い、年をとってくると、まったく違った暮らしぶりになっているのではないかと想像します。このひとり暮らしの人が満足しているわけを探せば、今考えられるもっとも理想の老後の姿をとらえるヒントを得ることができるのではないでしょうか。

そこで、日々の満足度と年齢、性別だけでなく、健康状態や悩みの程度、独居の人には、独居を支えるもの、日々の思い、などもアンケート調査しました。その結果から見えてきたのはひとり暮らしの人が、家族と暮らす人より、満足しながら生活できているという事実です。では、それはなぜなのか、その理由を探したいと思います。

やっぱり自分ひとりがいい

体の調子は良く、ひとり暮らしで何もかも自分の思い通りにやることができるので、大変満足だ。いざという時の不安は少しあるが、あまり考えないようにしている。（男）

夜の寂しささえ何とかなれば、独居は最高だ。（女）

自分の好きなように生活できるので、ひとり暮らしはとても快適だ。体の調子が良いときは、まったく問題ない。（男）

健康状態が良いときは

ひとり暮らしをされている場合、このように、体の調子が良いときは、かなり快適な日常生活をおくっておられるようです。なにせ、体の調子は良いし、時間は自分のためだけにいくらでも使うことができるのですから、快適そのものと言えます。そして、友達といろいろなところに出かけたり、さまざまなサークル活動を通じて、多くの友達と交流しながら、日々暮らしていけば良いわけで、ひとり暮らしは、まったく問題がないように思われます。

しかし、ひとり暮らしは、自由に振る舞える反面、誰も話をする相手がいないので、寂しく思うという課題があります。雨の日など、一日中、外に出ることのない日では、一言も喋らないときもあります。また、お店や配達の人など、業務上で接する人々との会話は、なにか空虚でよそよそしく、まったく寂しさをいやしてくれることはありません。やはり、あたたかい人の声だけが、その寂しさを少しはいやしてくれるわけです。そのようなあたたかい肉声に接することがない日々が続くと、いくら体の調子が良くても、独居生活の寂しさが、非常に強く増してくることになってしまいます。

どこにも出かけないので、1週間、誰とも話さないときがある。そんなときは、家の前のスナックに行って人と喋るようにしている。(男)

冬、ひとり鍋をつくっても、寂しくておいしくない。テレビを見ても一方通行で、ひとりがこんなに寂しいものかと思う。(女)

お盆よりも、お正月のようにみんなが一斉に大きな祝賀行事をとりおこない、すべてのお店が休む時の方が、寂しさが増すと言われます。自分ひとりでごちそうをつくり、ひとりだけで祝ってもおいしいわけはなく、大きな孤独感を味わうことになります。いつもなら頼りになる友達も、家族のいる人は、忙しくなり、とても、声をかけることができなくなってしまいます。まったく同じ境遇の人が友達にいない人では、独居の寂しさが、いつも以上に厳しくなってしまいます。

お正月は、自分の友達はみな家族がいるので、相手が忙しくなる。そのため12月末くらいから1月10日くらいまでは、電話もせずにじっとひとりで家にいる。これが寂しい。そこで、手紙を友達に対して書く。これは、相手を煩わせずにやれることなので、書いては消し、書いては消し、しながら楽しんで書いている。最終的には正月明けに投函するが、このように時間を使っている。（女）

お正月は、数年前までは、東京に旅行していた。ビジネスホテルは基本ひとり仕様なので気兼ねしない上に、食事もデパ地下がひとり仕様で、安くて便利。気分が変わって、お正月を過ごすのにとても良い。（女）

ひとりで暮らす人の中には、お正月のように、日本全体がお祝いムードに包まれる時期でも、うまく寂しさを紛らわせる術を持っている人がいます。ひとり旅では、多くの人が集まる場所を選び、寂しさをうまく包み込んでくれそうな所を選んで旅行するのです。たくさんの人々が楽しそうに過ごす姿に触れると、自分もなにか楽しい思いがすると言っておられます。うまく工夫されて過ごされている様子がうかがえます。

一方で、まったく寂しくないと言う人もいるのです。

みんなひとりが寂しいというが、なぜ寂しいと感じるのかわからない。私はまったく寂しく感じたことはない。ひとり暮らしほど、自由で気楽なものはない。（女）

兄弟がおられず、ご両親が他界された後、ひとりで暮らしておられる方です。この方は、友達も多く、お互いに連絡されたりしておられるようですが、それほど、頻繁ではありません。それにもかかわらず、寂しくないとおっしゃるのは、やはり、はじめからひとりであることが、前提条件のひとつになっていたからかもしれません。つまり、寂しいという感覚は、その人の感じ方であり、あくまでも主観的な感情であることをあらためて認識させられます。

健康状態が悪くなってくると

しかし、やはりひとり暮らしは厳しい環境です。ひとたび、体の調子が悪くなってくると、たいへんな困難が待ち受けていると思われます。まず、何をするにも、すべてひとりでやらなければ、まったく何もできないわけですから、体のあちこちが痛くても、我慢しながら動くことになります。別に大きな病気やけがをしなくても、年齢とともに、必ずいろいろなところに問題が出てきます。それも、若い頃ならすぐに治ることもあるかもしれませんが、年をとると治りにくいので、痛みもずっと一生続きそうな感じがするとおっしゃいます。そのような場合、ひとり暮らしの厳しさは、より一層増すことになると考えられます。

腰や足が痛くて、長時間流しに立っていることができない。少し休むと、またしばらく立つことができるようになる。そのため、休みながら洗い物をしているが、つらければ、洗い物を翌日まで置いてから洗うようにしている。自分ひとりだから、誰に遠慮することもなく、好きなときにやることができて気楽である。（女）

この方は、腰の痛みがひどくなり、20分以上、立っていられなくなっています。そのため、休みながら、炊事をされておられるのですが、調子の悪い日では、それもできずに、翌日に仕事を回されます。毎晩、寝るときに、翌朝、自力で起きることができなくなっているのではないかと心配するので、枕元に携帯電話を置いて寝ているとおっしゃいました。

ひとりで暮らすとはほんとうに大変だ。88歳だから痛いところはあるがあまりこたえない。気持ちでは負けない。年齢にひっぱられないようにしている。過去3、4年の間に3回、腸の手術を受けた。自分自身で救急車を呼んだ。普段から、自分が追い込まれたときにどうするかを常に考えている。他人に期待しても、期待はずれが多いので、期待しない。それが普通だと思う。夜中午前2時では、近所の人も起きてくれない。(男)

年とともに、体がだんだん弱ってくるのに、ひとりというのは寂しい。(女)

ひとり暮らしなので、全身に痛みが走っても、ひとりで何もかもしなければならないので、何をするのもつらい。また、過去に急に意識を失った経験があり、自分ひとりでは不安で

ある。しかし、悩んでもしかたがないので、あまり悩まないようにしている。（女）

医者から余命も宣言され、体調も悪く、悩みも多い。最悪の状況とも言えるが、もうひらきなおっているので、今の生活に比較的満足している。（女）

この方は、ひとり暮らしです。血液の癌《がん》になり、医者から余命2年と宣言され、抗がん剤を使っています。薬の副作用で、体調は非常に悪い。最悪の状況とも言えます。それでも、家にひとりで過ごしていても、しかたがないと思い、自営の仕事を今もやっておられます。仕事をしていると、少し気持ちがよそに向くので気分を落ち着かせることができるのだそうです。今の生活における満足度も50点はあると気丈にも回答されておられます。近くに息子さんが住んでおられますが、別に同居しても、今の状況が変わるわけではないと、ひとり暮らしのままです。

年齢の影響は

では、年齢を重ねると満足度はどうなるのでしょうか。アンケートでは、独居者の平均年齢は、同居の人より、平均で3つ年上でした。アメリカの例ですが、年を重ねると、徐々に幸せ感が増してくるといわれているそうですが、今回のアンケート結果では、年齢が上がっても満足度は変わりありませんでした。少なくとも、年齢とともに、その人の幸せ感が増してきているようにはなっていません。やはり、独居の満足度が高い理由は、年齢が高いこととは関係なさそうです。

性別の影響は

今回のアンケートでは、独居と同居で、男女比が異なっていました。独居者の中で、男性が占める割合は、同居者の中で占める男性の割合の半分しかありませんでした。この独居者の男性が少ないことが、独居と同居の満足度の差に影響しているかもしれませんので、男性と女性で満足度に差があるかどうかを調べました。

すると、男性と女性で満足度には差がなく、両方ともに、独居の方が高い満足度を示していました。最近では、男女平等の時代になり、できるだけ同じ立場で活躍するようになってきたとはいえ、今の高齢期を迎えている人々が歩んできた道は、男女でかなり違っていたはずです。それぞれ長い人生を、異なる立場で過ごしてきたわけですから、日常生活における考え方も当然違うと思われます。その中で、日々の生活における満足感を支える思いも、男女でかなり差があるものと想像しますが、結果としては、男女差は存在せず、男性と女性の比率が、独居と同居で異なるために、満足度に差が出たとは考えられませんでした。

お金がないので、贅沢はできないが、食べるものも自分の好きなものを食べられるので、

図1　満足度の男女差

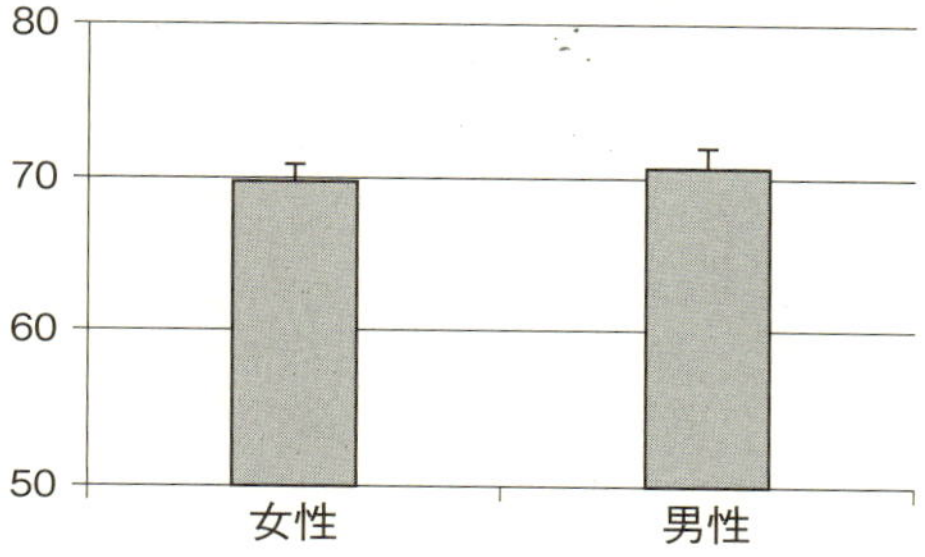

図2　男性満足度独居・同居の比較

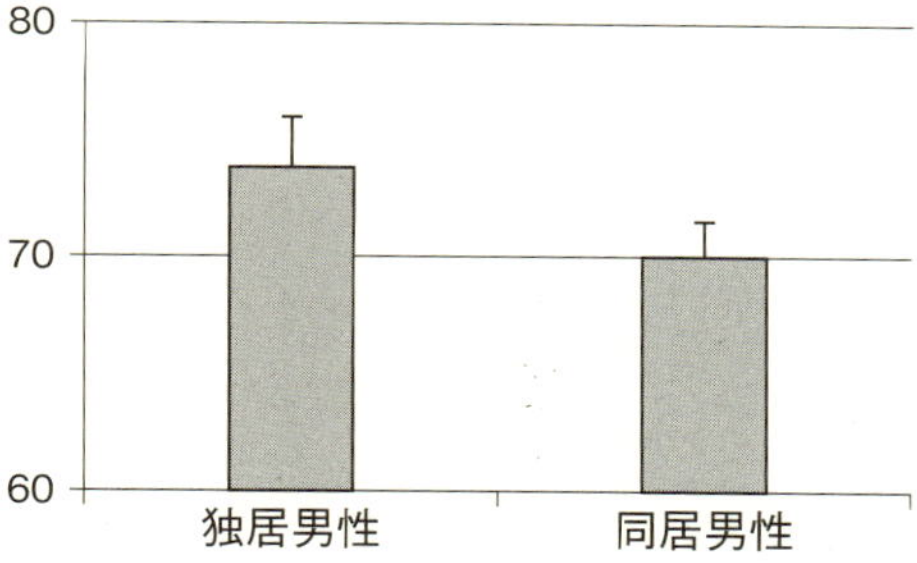

図3　女性満足度独居・同居の比較

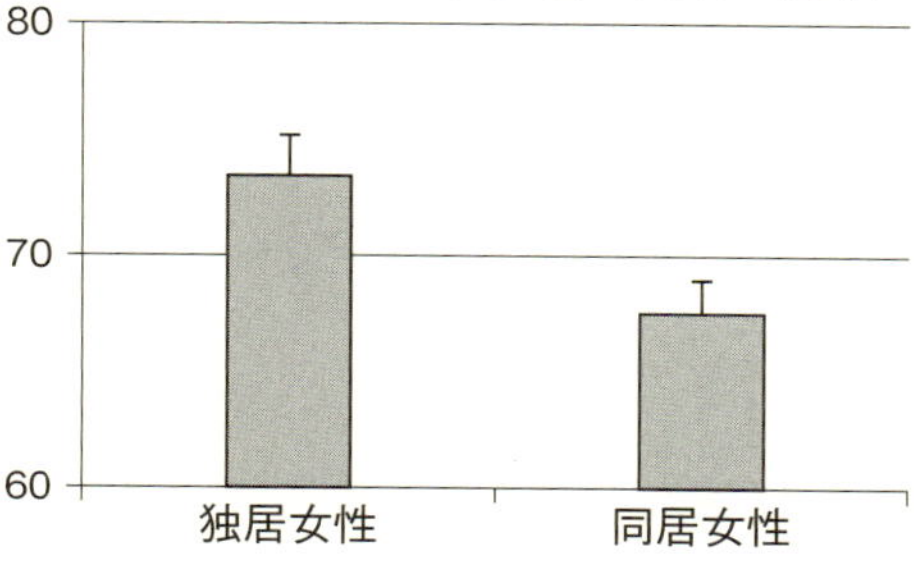

満足だ。（女）

経済状態の影響は

お金はあった方が良いに決まっていますが、満足感はその人の気持ちも問題なので、別に決定的な要素ではないと思います。確かに、国立社会保障・人口問題研究所が出している報告によりますと、経済的な裕福さは、その人の健康に影響し、お金がある人ほど、健康状態が良いとされています。もしひとり暮らしの人の方が、家族と同居している人より、裕福ならば、独居者の満足度が高くなることもありうるのではないかと思われます。しかし、同じ研究所が出している資料によりますと、ひとり暮らしの人の電気やガス料金の滞納率は平均的で、とくに独居者が裕福というわけではなさそうです。どうやら、独居者の満足度を押し上げているのは、経済的な背景ということではなさそうです。

ひとりは寂しいときもあるが、悩んでもしかたがないので、悩まないようにしている。それが健康の秘訣だと思う。（女）

誰からも何も言われないので、自分が思う通りに生活できるのが気楽だ。自分の体の調子は良いが、孫のことで悩みがある。しかし、自分が孫のことをいくら悩んでもどうしようもないことに気づき、ひとりなので、自分自身のことさえ考えておれば良いので、気が楽である。（女）

心の悩みなし。娘は同居も言ってくれるが、やはり若い人とは生活のリズムが異なり、気を遣うのが、この年になってつらいので同居は考えられない。（女）

ひとりで暮らしているが、いろいろなことがあっても、なるようにしかならないのだから、悩んでも仕方がない。何も悩まないようにしている。これが健康の秘訣だと思う。（女）

悩みやストレス

ひとり暮らしの場合、悩みも主に自分のことだけ悩んでおりさえすれば、済むことだし、独居の寂しさも、いくら悩んでもしかたがない部類に属する悩みだと考えられます。これらの声に代表されますように、独居者の悩みは、対象が人ではないだけに、総じて軽く、同居の家族がいない分、少ないと言えるように思います。また、相手がいる悩みは、相手の考えにどうしても左右されますから、自分ひとりが、がんばってもどうしようもない場合も多いと考えられます。それに比べて、相手は人間以外の対象であることが多いひとり暮らしの場合、腹を立てようにも、相手は人ではないため、どうしようもありません。そのために、独居の悩みは深刻なものが少ないように感じます。この点では、ひとり暮らしは有利なのかもしれません。

子供世帯は助けになるか

認知症になったらホームに入れてもらうが、それまでは、できるだけ自宅でがんばるつもりだ。今は同居など、考えられる時代ではない。子が結婚した当初から同居ならいけるかもしれないが、後から同居すると、みんな4、5年で別れていると聞く。(女)

娘が離婚して孫4人とともに帰ってきて、自分名義の家に住んでいる。しかし、同居はせずに、別のところに借家で住み、同居は考えていない。理由は、娘といえども、けんかもするし、プライバシーを守りたいから。(女)

自分自身、舅、姑を送った経験から、嫁に気を遣いながら生活することは考えられない。(女)

人それぞれに置かれている状況が異なりますので、ひとり暮らしを始めた理由はさまざまだと思われますが、単独世帯におられる高齢者の日常生活満足度、健康意識、悩みの程度、が、年齢層が高いにもかかわらず、他の世帯構造に比べて、相対的に良好な結果でありました。

結局、独居高齢者は、決して悪くない環境で暮らしており、悩みが比較的少なく、たとえ独居者全体の年齢層が高くとも、健康意識もかなり良好な状態で保たれており、日常生活における満足度も高いようなのです。独居生活は、予想以上に良好な生活環境であるということが言えると思います。

では、なぜ、単独世帯が、良好な環境と言えるのでしょうか。ひとりで暮らすということは、いざというときの備えという意味では、不安が残るはずです。また、どのようなことがあっても、何もかもひとりで対応しなければならないという問題も抱えているはずです。

独居生活は、誰も助けてくれません。そのため、自分の身体と相談しながら、休み休み過ごすしかありません。そのような厳しい現実があるにもかかわらず、悩みが少ないというだけで、心が安定していると考えて良いのでしょうか。独居生活が厳しく寂しいものであるという多くの声を頂いています。独居の寂しさは厳しいもので、独居という立場になっていない者には理解できないものだと言うことができます。そのように厳しい独居生活の方が、同居よりもましな暮らしぶりだとは、にわかに信じがたいとも思います。

そこで、もう少しアンケート結果から、子の存在や対外的な活動ぶりが、ひとり暮らしにどのような影響を与えているかを考えてみました。

ひとり暮らしをされている人といっても、近くに子が住んでいる方、遠くにしかおられない方、子を持たない方など、子供に関することだけでも、いろいろな条件の人がおられます。これらのことが、当然、独居生活の満足感や悩みに影響していることが考えられます。

娘にすすめられて、思い切って、娘の近くに越してきて良かった。何かと相談できるし、食事もつくって、持ってきてくれるのでありがたい。（女）

近くに娘が住んでいて、何でも手伝ってもらえるので、満足である。それでも、同居は考えられない。何でもさっと素早くするのが大好きで、自分自身で何でも好きなようにできるのが良い。（女）

子供が近くに住んでいると

子の近くにひとり暮らしで住むという形は、老後のひとつの理想型ではないかと思われます。つまり、自分は独居生活であって、近くに子世代が住んでいるわけで、適度に寂しさを防ぎ、いざという時に支援を得られやすいという心理的な安心感があります。しかも、このようにすれば、それぞれはまったく独立した生活圏を維持することができるので、自由度も高いと考えられます。さらに、お互いの生活スタイルが目に見えにくいので、うまくお互いの考え方を尊重し合うことに通じることになりやすい。その結果、ストレスがたまりにくいのではないかと思われます。ただ、多くを語られませんが、そのように非常に恵まれたように見える方でも、夜、どうしようもないくらい無性に寂しくなる時があるとおっしゃいます。このようにうまく子世代と交流しておられるように見えていても、寂しく思われる例があるということは、やはり、当事者にならなければ、理解できないことがあるのでしょう。

子は、いざというときは、助けてくれるだろうが、普段は疎遠だ。それで良いと思っている。（女）

子が遠方に住んでいる場合

子がいても近くに住んでない方は、緊急時や、普段の細かな支援は期待できませんが、それでも、入院など大きな出来事に対する支援は期待できます。最近では、交通機関や通信環境が発達してきているので、少々遠くに子が住んでいても、まったく問題なく、いざという時の支援を得られるはずです。ただ、心理的に遠方という距離感がありますので、寂しさや不安感に直結しやすいという問題があることは、アンケートからもうかがえます。子が遠方に住んでいる方は、どちらかというと、身寄りのおられない完全独居の方々と似たように話される場合が多いような気がします。つまり、子からの支援を、あまり期待されていないように感じるのです。

子がいないことは寂しいが、反対に、別に悩むことがないので気楽だ。自分のことさえ、気にしていれば済むことなので、要らぬ気苦労がない点が良い。（女）

子はおらず、独居生活しているが、なにせ自分のことだけ心配しておれば良いのだから、負担は少ない。（女）

子がいない場合

身寄りを持たない独居高齢者は、頼るべき子はおらず、多くは兄弟姉妹がいても、同じく高齢層のため、お互いに支援できない場合も多いと思われます。そのため、大きな病気やけがをされた時は、一挙に生活満足度が低下するはずですが、それにもかかわらず、同様の状況に追い込まれた同居高齢者や子を持つ独居者と比べても、子を持たぬ独居者の満足度は、十分に高い水準を維持されていました。まったく満足感に遜色がなかったのです。

人間はひとりで生まれ、ひとりで逝くものだといわれているように、この立場の方々の生き方こそ、人間本来の姿であるともいえるかもしれません。悩みの根源となる身寄りもないわけですから、心は平安であり、身体的能力の低下も、人に頼るとすれば他人しかなく、はじめから明確なプランを立てやすいという開き直りの理屈が通るかもしれません。とにかく真から頼るべき子が、いないのですから、別のプランを立てるしかないわけです。

アンケート結果によりますと、**子が近くにおられる場合も、遠方にしかおられない場合も、子がいない場合も、すべて満足度には大きな差は認められませんでした。**

子の存在は、親にとって一体どのような意味を持つものか、よくわからなくなるような結果になりました。極端なことを言えば、満足する老後に、子は決定的な働きをしていないことを示していると思われます。ただ、近くに子を持つ人は、悩みは低いということは言えそうで、近くに住む子は悩みを少し取り除いてくれる働きがあるようです。

子を持たぬ人は、悩みは少なく、日常生活における満足度も高い。しかも、年齢とともに、体の具合が悪くなってきても、満足度は低下しにくいようです。ある意味では、他の人の影響を受けずに、自分自身だけで物事を決定できるという強みを最大限使っているからかもしれません。この方々の話を聞くと、やはり、将来設計をしっかりと持ち、他の人を頼らず、自らの手で未来を切り開こうとすることが大切であると痛感させられます。このようにすれば、できるだけ最後まで、自分の意思で、自分の思い通りの生活を送ることができるということを示してくれているような気がするのです。もちろん、彼らは望んで子を持たなかったわけではないかもしれませんが、結果としては、子が老後の満足感に決定的な要因とはなりえないことを教えてくれる重要な役割を果たしてくれたような気がします。

国立人口問題研究所の推計によりますと、今後、ますます子供を持たない人が増加してくることが予想されています。今回のアンケート調査は、大阪府北河内地区を中心とした限られた地域からのものですので、この結果だけで、すべてを判断することはできませんが、それでも、このような結果は、子の存在とは何なのかということを考えさせられるものでした。

この結果を鵜呑みして、極論をあえて言うならば、国や社会のためには、子を生み育てないとだめなのかもしれませんが、今の時代は、自分自身の老後のためには、必ずしも子供をもうける必要がないと言えるかもしれません。

人と多く接すると満足度は高くなるか

人と接することが大好きな方もおれば、あまり多くの人と接することを好まない方もおられます。これらのことが、当然、独居生活の満足感や悩みに影響していることが考えられます。ひとり暮らしをされていても、人と多く接している人は、楽しそうに活躍されています。日常も元気で、溌剌《はつらつ》とした行動力と姿を感じさせる躍動感あふれる毎日をおくっておられるように見えます。このような対外的な活躍が、独居生活者に及ぼす影響について、日常生活満足度という尺度で評価するとどうなるか見てみました。

いろいろなサークルに参加していて、簡単な会話をする人は、１００人以上いる。毎日が忙しい。（女）

サークル活動

独居生活にとって、地域に根ざすサークル活動は、とても良い刺激になっているようです。特にあまり費用のかからない活動は、参加するのも気軽で、多くの人が利用しています。しかし、一方で、集団活動である限り、人と人との関係はむずかしい面もあり、それで悩まれている方も多くいます。そのため、いつでもやめることができるように、わざと電車を使って、遠方のサークル活動に参加される方までおられます。心身のためには、どのようなサークル活動であっても、それに参加することにより、生活にリズムが生まれるという効果が期待できますので、おおむね、元気に過ごされるための良い刺激にはなっているように思われます。

ひとり暮らしなので、水害に遭ったとき、家が水に浸かって大変困った。そんなとき、隣近所の人たちが助けてくれて、ほんとうに助かった。（女）

地域社会とのかかわり方

人との接触という意味では、自治会活動は有効だと思います。自治会活動によって毎日やることが増え、人と接することが多くなります。当然、心身ともに活動的となり、生活に張りと潤いが出てきます。しかし、集団に参加することは、人によっては自分の思いを殺さねばならない場合も考えられ、自治会活動は面倒だと言われる方も多いのが実状です。また、自治会活動には、大きな地域差があるようで、自治会自体が存在しないところもあると聞きます。高齢化とともに、自治会も、昔のように一律にどこにでもあるものではなくなりつつあるのかもしれません。また、この声のように、隣近所のつながりも大切で、いざというときにほんとうに助かったという声をよく聞きます。しかし、一方で、近隣との付き合いが最近むずかしくなったという話も聞きます。人と人との付き合いがむずかしくなってきているのかもしれません。

東日本大震災用のリサイクル商品を、自宅でつくり、バザーなどで売ってお金を送るボランティア活動をやっている。この活動を通じて、多くの人に接すること、また、自らの活力を確かめるという意味で充実感を得ている。(女)

ゴミを集めて掃除するボランティアを密かにやっている。そうすると、少し気分が良くなる。(女)

ボランティア活動

掃除や震災支援、点字などのボランティア活動に身を投じる方もおられます。彼らは非常に活発に外部と接する方々であり、もちろん広いネットワークを持ち、充実した生活を送られているように思えます。しかし、一方、ここでも集団で活動するときには、さまざまなストレスが出てくることがあるという声もあります。昔もあったのかもしれませんが、今も、集団で何かをするということは大変なことなのかもしれません。

結局、今回のアンケート結果では、対外的な活動をやっている人とそうでない人とで、満足度には差はありませんでした。ただ、ここでも、他の人と接することが多い人は、悩みが少ない傾向が見られました。やはり、何でも良いから、人と話をすることは、自分の中にストレスをためないことに通じ、悩みを減らす効果があるのかもしれません。

独居を支えるもの

今回のアンケート調査では、ひとり暮らしの人に、暮らしを支えてくれているものは何ですかという質問をしています。１００を超える回答を頂いたのですが、それらを、他のアンケート結果とも併せながら、３つにまとめてみました。

アンケートからは、日常生活における満足度や普段の気分は、いろいろな悩みを抱えると悪くなってしまうのではないかと考えられます。しかし、満足感は、どのような困難な状況であっても、その人が感じる気分であり、満足したという感情なので、その人の考え方次第でいかようにも変わります。多忙を極める人が、もし何か他の原因で多忙になった場合は、やらされているという意識が働き、ストレスをためることになりますが、もし自らの思いで積極的に多忙となった場合は、その人は、たとえ苦しくとも、自分の目標に向かって突き進んでいるという気持ちが加わるので、不満どころか、充実感すら感じることができるかもしれません。やはり、気持ちの持ちようなのです。

今回のアンケート調査では、日常生活満足度にかかわる因子として、年齢、性別、悩み度、健康意識、世帯構成、子の有無と遠近、外との接触の多寡、等を検討しましたが、日常生活満足度に対して、一番大きな影響を与えていたものは、悩みやストレスでありました。結局は、その人が置かれている状況に対して、その人が悩むかどうかにかかっており、まさに満足度とは、その人が持つ思いそのものであることをあらためて認識させられます。

ところが、一口に悩みといえども、その内容や原因にさまざまな要素が含まれており、さらにこれらが相互に密接に関連しながら、その深さに微妙な影響を与えます。体調も良く、悩みもなく、日常生活に何ら支障のない理想的な人でも、まれに低い満足度だと言われる場合があるように、単純に理解することは不可能です。人が感じる感情は複雑であり、いろいろな状況や因子、その日の気分にすら影響を受けることが予想されます。

ある人に、日常生活の満足度を聞くとき、その結果に、その人の長い人生における幾多の経験が、今現在の満足度を修飾し、さらに直近の経験によって、影響を受けます。また、その人が置かれている状況や周囲の環境によっても、その人の感じる満足度に差が出ます。本アンケートに回答頂いた高齢の方々から、戦争中や戦後の混乱の様子をお伺いするたびに、自分自身では体験していないがため、頭で考えているだけの自分に気づかされます。そんな頭だけで考えている私と、実際に非常に悲惨な実体験を積んでこられた人とでは、物事に対する感じ方が異なるのは、容易に想像できます。このように、いくらお話を伺っても、言葉で表すことができないその人の人生そのものからしみ出るものを知ろうとすることは、無謀なことをしているのかもしれません。

また、人生における体験が異なるため、満足感は、今、高齢世代になっている人とこれから高齢期を迎える人とでは、異なっていくものと思います。

精神は老いることなく、自己意識は、むしろ年とともに確立していくのではないでしょうか。それは、時に外から見れば、わがままとか、頑固であるように見えるかもしれませんが、本人はまったく普通に行動しているつもりだと思います。若い頃のように、これから新しい物事を学んでいこうとする人は少ないので、他の人がすすめるルールに従って、自分自身を鍛え直す必要も感じません。また、今まで我慢していたことも、年齢を感じる年代に達すると、残りの人生は、もはやあまり我慢せずに行動しようと考えるのも、自然の流れだと言えるかもしれません。

一人で気ままに、自分の思う通りに生きるのが一番だ。ヘルパーなしで生活をしている。外へ出るのが好きで　足はまだ丈夫だ。気ままに過ごすことが長生きの秘訣だ。（男）

①自由で勝手気ままな暮らし

仕事をしている時代では、休暇を楽しみに働いていたように、ずっと休暇になった老後でも、やはり何かをやりながら、自由に振る舞うことが一番だと言われます。体を動かすことは、人生を楽しいものにしてくれる重要な因子で、今や高齢期といえども、健康で自由に振る舞える時間が結構長いわけで、それを十分に謳歌できるのが、ひとり暮らしだと言えるかもしれません。

身体能力が低下して、体調がすぐれないときなどは、後片付けを翌日に回しても、一人暮らしなので、当然、誰にも何も言われません。あちこち体中が痛くても、ゆっくりと体を動かしながら、自分のペースで暮らすことができることも強みです。他の人に気を遣いながら、あせる必要もありません。確かにいざ何かあった時のことを考えれば不安も残りますが、誰かと同居していても、必ずしも24時間ずっと傍にいてくれるわけではありません。いざ何かあった時の対応は携帯電話やその他の緊急ペンダント的なものを使いますから、同じであるとも言えます。独居の最大の利点は、まさにこの自由度の高さにあると言えると思います。

遠方に住む従姉妹と毎週のように、1時間以上電話でお互いのことを話す。ただ、話を聞き合うだけだが、とても気分がすっきりする。(女)

②信頼のおける友人や親戚

多くのひとり暮らしの方々から聞いた内容から考えて、これが、満足度を上げるために、もっとも重要なポイントと言っても良いかもしれません。緊急時ではなく、普段の生活において、何でも相談できて、どんなことも話ができる友がいることは心強いものです。ひとり生活では、いろいろストレスがたまることがあります。ひとりであるが故に、何でも自分ひとりで考えなければならない。ひとつひとつの問題は些細なことでも、これが多くなってくると、結構苦痛の種になってしまいます。そんなとき、親身になって聞いてくれる人がいれば、その人に話をするだけでも、気分が楽になると思われます。また、うっかり話をしてトラブルに巻き込まれてしまっては、逆にストレスをためることになってしまいますので、話し相手になってもらう人は、信頼のおける人でないとだめなのです。

いろいろなサークル活動や多くの友達と交流しておられる人も、たくさん友達はいますが、この信頼のおける友は、はっきり別だと言われています。やはり、深い話まで、安心してできる人は限られているのです。

また、子供を持つ人にとって、いくらやさしい子であっても、子は子であり、世代が異なると物事に対する感じ方が異なります。同じ目線で話をすることができないだけでなく、忙しくしている子では、細かな話をすることも嫌がられることが多いので、なかなか子が良き話し相手になってくれることは少なそうです。

やはり、同じ目線で話ができる真の友達は、同世代が多そうで、通信手段が発達した今の時代では、必ずしも近くにいる必要はなく、別に遠方に住んでおられて、月1回程度の電話だけでも充分だとおっしゃるのです。

子は少し離れた土地に住んでいるが、同居しても良いと言ってくれる。しかし、友達のい

る住み慣れた今の土地を離れる決心がつかない。（女）

時代が変わって、ビルばかりが建つところになってしまった。若い隣人は名前も知らない。ひとりきりなので寂しいが、それでも、昔の面影が残るこの町から離れるのはいやだ。（女）

子の近くに引っ越してきた。前住んでいた所の友達に会いに何度も行っていたが、生活圏が違うためか、だんだん友達と話が合わなくなってきて、疎遠になってきたので寂しい。（女）

③住み慣れた土地

徐々に体の調子が悪くなってきたり、けがをして身体能力が低下してきますと、一気に行動範囲が狭くなってしまいます。元気なときなら、あっという間に歩いて行ける所も、簡単には行けなくなってしまいます。そのような場合でも、住み慣れた土地なら、ほんのわずかしか外に出られなくても、あの角を曲がればどのような景色が広がっているかわかっています。いつも見慣れた人の顔があります。たとえ、風景が変わっても、なんとなく昔の風情が残っているとおっしゃいます。そこにはよそよそしさはありません。転地療養し、いくらバリアフリーの美しい景色の中で、住むようにしても、そこには自分自身が元気な頃の記憶はなく、ただ美しい風景というだけです。

徐々に身体能力は低下し、視力が衰えてきたり、手足が動きにくくなってくると、高低差の激しい地域に住んでおられる人では、思い切って、もっと交通の便が良く、土地勘がある近所に引っ越すことも良いかもしれません。しかし、このようにする場合でも土地勘のない遠方に引っ越すことは避けるべきだと思われます。年齢を重ねてから、まったく新しい土地に移ることは、すべてのものがよそよそしく思えて、孤独感を感じやすくなるという声を多く聞きます。

いくらやさしい子がいる土地に転居しても、天気が悪い日などは、無性に寂しくなるときがあると言われます。それは、自分が来た道のりに思いを馳せ、残されたこれからの日々を考えるとき、日一日を大切に過ごそうとは思うものの、やはり確実にその時が近づいてきているのではないかと、余計なことを考えやすくなるのだとおっしゃるのです。見知らぬ土地では、自分自身で安堵感を得にくく、すぐ傍にいる子に頼りたいと考えますが、今の子世代は、時間的に余裕はあまりになく、実際は、寂しい思いをされる場合もあります。やはり、できる限り、慣れ親しんだ土地を離れずに、過ごすことが大切だと考えます。

結局、独居で老後を暮らす上で、これら3つの項目が重要であることがおぼろげながら浮かび上がってきました。

①自由で好き勝手に振る舞える生活は、ストレスや悩みがたまりにくい。

②信頼のおける友は、悩みを聞いてくれて、適切なアドバイスから悩みを減らしてくれます。

③慣れ親しんだ土地は、自らがゆったりと過ごせる空間を提供してくれます。

これら3つの要素は、いずれも、その人の悩みを少なくさせる方向に作用するものが、選ばれていることに気づかされます。

三世代世帯の満足度が高い

アンケート結果では、家族数が4人以上いる三世代世帯に属する高齢者は、ひとり暮らしの人と同じくらい満足しておられました。やはり、多くの家族と過ごす高齢者は、普段から、十分満足して生活されていることがわかります。昔ながらの大家族の中で過ごす老後は、今も快適な環境だと言えるかもしれません。

しかし、今、この三世代世帯が減少してきています。そのため、多くの高齢者が三世代世帯で老後を過ごすことができなくなってきているという現実があります。大家族の中で、老後を過ごしたいと思っても、なかなかその実現には、むずかしいものがあるということでしょう。そのために、三世代世帯に匹敵する満足度が得られるひとり暮らしを、老後の理想の形にできないかと考える必要があると思います。

独居生活は、身体状況が良好なときは、まったく問題なく、非常に高い満足度が期待できます。なにせ、誰にも遠慮することなく、自分の思い通りに生活することができるわけですから、自由度の高さというメリットを最大限いかせることになります。しかし、一方でひとり暮らしをしていて、年齢とともに心身に衰えがあらわれたり、大きな病気やけがを経験すると、それらの困難をひとりで受け止めていかねばならなくなります。そのため、いくら自分のことさえ考えておけば良いとはいえ、そんなに楽な立場ではありません。ところが、今回のアンケート結果では、健康状態が悪くなってきても、ひとり暮らしは、なかなか満足度が悪くなりにくいことがわかりました。つまり、長い老後の生活において、息の長い満足感を手に入れるには、ひとり暮らしの方が有利であるということがわかります。ひとり暮らしの自由度の高さという長所を利用して、さらにいくつかの工夫を重ねれば、ひとり暮らしが最高になりうるものと考えます。

内閣府の推計によると、地域差があるものの三世代家庭は減少し、独居や家族数ふたり、3人の少数家庭が増加してきています。そして、ふたり世帯は、やがて、どちらかが残され、単身世帯となることが予想されています。もし、この単身世帯が幸せの形になれば、今後増え続ける単身高齢者にとって、朗報となるでしょう。果たして、そのようなことができるでしょうか。たとえ、できなくとも、望むと望まざるにかかわらず、この増え続ける独居高齢者が、少しでも満足できるようにするしか、残された道はないということも言えると思います。

依頼心が人をだめにする。自分でできることは何でもやっていかなければ、他からの援助を期待して裏切られると、要らぬストレスを持ってしまい、結局、自分自身のためにはならない。どうしてもだめなら援助を求めれば良いが、できる限り自分で自立するようにしなければならない。(女)

ひとり暮らしで開き直る

幸い、アンケート結果では、独居に関するデータを見る限り、かなり高い満足度を得られる生活形態であることを示しています。ポイントさえ押さえれば、独居が最高の選択肢となることも夢ではありません。独居は、同居と違って、悩みが少ないことが、大きな強みということになります。

ひとり暮らしは、開き直るしかありません。頼る家族はいないため、何かあっても他人を頼みながら、なんとか自分ひとりで対処しなければなりません。つまり、悩んでもどうしようもなく、できるところまで、自立してやるしかないという明確な方針だけが残されています。非常に強い自立心を持つしかないわけです。

人に頼らないということは、人に期待していないということです。他人の力を期待していたら、もしやってもらえなかったときに、がっかりしますが、逆に、もしまったく期待していなかったのに、人から思わぬ援助をもらったりすると、自然に感謝する気持ちが芽生え、自分自身にストレスをため込むようなことはないということになります。また、人に頼らず、すべて自分で何でもやろうとすれば、当然、相当な身体能力を使いますので、自らの能力をできるだけ低下させずに済みます。そのいずれも、やっている当人は、苦しい立場であり、やむなくやっているわけですが、結果的にはその人にとって、とても役立つことをされていることになります。つまり、自らのことは、最期までできるだけ自力でこなさなければならないと覚悟を決めておく方が、最期まで自分の意思で、満足のいく生活をおくることができやすいのではないかと思います。

ひとり暮らしであろうがなかろうが、私たちは、年を重ねたとしても、自己決定権を維持できる環境にいることを望みます。自分が思うままに振る舞うことは、年齢とは無関係で、すべての人が望んでいることであり、それがある一定以上阻害されると不満がたまってくると感じられます。そして、最悪の場合、心理的・精神的な問題を抱えるに至るのではないでしょうか。

高齢になれば身体的能力は、個人差はあるものの、必ず低下していきます。それを感じる寂しさの中で、心身が衰えていき、自分が描く生活像を、実現していくことがむずかしくなっていくのです。とても大きなストレスを感じながら暮らすという状況におかれます。それでも、独居には、開き直りの強さと自立の精神があるがゆえに、厳しい状況の中でも、一定の満足度を維持されているのかもしれません。

健康の秘訣は、悩まないことだ。とにかく、悩んでもしかたがないことは、考えないようにしている。（男）

結局、この言葉に集約されるような気がします。独居であっても、同居であっても、悩まないことが一番であることに変わりはありません。なかなかむずかしいことではありますが、満足感を得るひとつの有効な方法として、悩まないようにするという気持ちの持ち方があると思います。

自宅の廊下で転倒して骨折し、手術を受けたが、なかなか治らない。ひとり暮らしなので、ヘルパーさんに買い物をしてもらい、痛いのを我慢して自炊している。もう半年になるが、良くならない。いつまでこんな状態が続くのだろうかと思うと気が重くなる。（女）

独居で、大けがや大病をすることは、そんなに生やさしい問題ではありません。年とともに心身ともに弱まるわけで、その中で、けがや病気から回復しようとひとりで努力しても、若い頃と違って、なかなか良くなりません。非常に深刻な状況です。それでも自分ひとりで動くしかないので、痛みをこらえて、何とか毎日運動されています。電話で話を伺っているだけで、その状況がいかに苦しいことであるかが伝わってくる感じがします。やはり、ひとり暮らしは、そんなに生やさしいものではありません。

このような状況にもかかわらず、結局、人と人との繋がりが薄れた今の世では、残念ながら、ひとりで暮らす方が、まだましだということになってしまったのかもしれません。

2章
同居はどうして快適じゃないのでしょう

年齢層別満足度のグラフを見ますと、90歳までのすべての年齢層でひとり暮らしの人の方が、満足されて生活されていることがわかります。この中には、もちろんさまざまな立場の人々が含まれています。ですから、個々の人で、満足度に大きな違いがありますが、それでも、これだけはっきりとほぼすべての年齢層で、ひとり暮らしの人の満足度の方が高かったということは、今の同居は快適とは言えないことを示しています。そこで、同居の中身を見ていくことによって、なぜ同居が快適でなくなってきたのかという理由を探ってみます。

同居は悩みが多くなる？

子世帯と同居するようになったが、いろいろなルールをつくって、一定の距離を保つようにしている。とても快適となり、満足している。（女）

子と同居しているが、あまり話はしない。しかし、それが一定の距離を保つことになり、自分自身の自由となる。同居なので寂しくはなく、適度に自由があるので、快適だ。満足している。（女）

良い夫だが、細かなことまで干渉する。そのため、体は元気だが、気が重い。生活満足度は非常に低い。夫婦はやはり他人なので、お互いの違いを認めあうようにしなければならないと思う。（女）

図4　独居・同居　年齢別満足度

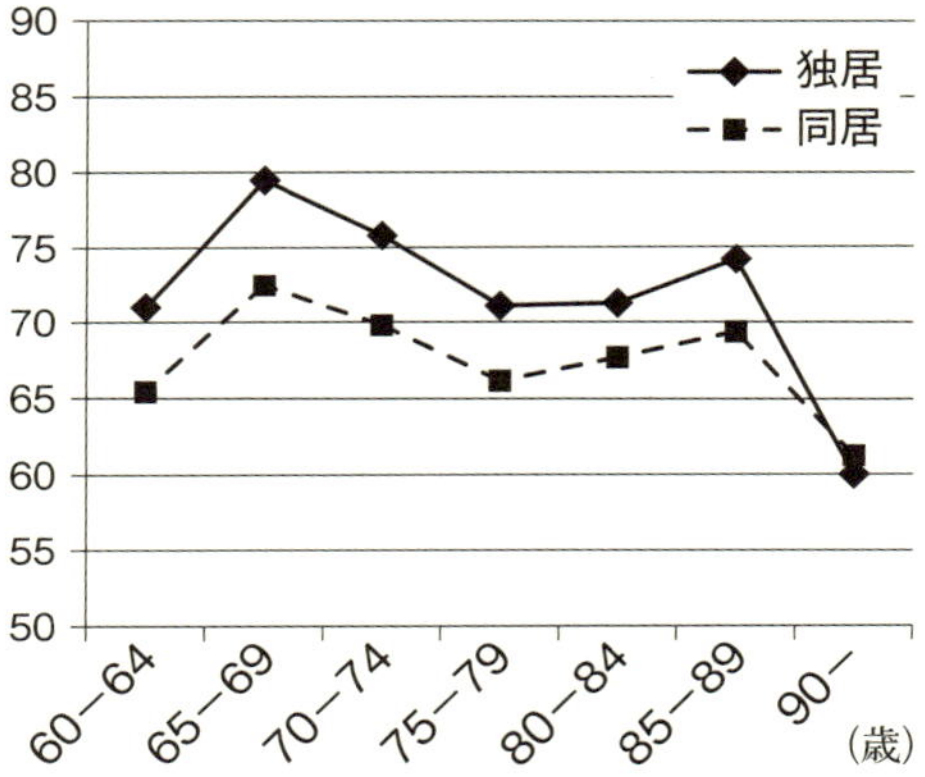

満足度は90歳までのすべての年齢層でひとり暮らしのほうが高い

夫婦と独身の子と同居しているが、いまだに、ずっと私が世話を一手に引き受けている。こんな状態がいつまで続くかと思うと、気が重くなる。（女）

健康状態が良いとき

高齢者自身の健康状態は良好で、うまく家族と同居しておられる人は、一定のルールをつくり、同居家族との距離を保っておられることが多いことに気づきます。しかし、そのようにルールをつくっていても、なかなかうまくいかないのが人間関係です。多くの場合、家族と同居されている人では、ひとりではないため、寂しさはありませんが、その代わり他の家族への配慮に苦慮されている姿が浮かび上がります。

悩む対象が人の場合、一度、むずかしい関係になってしまうと、ずっと尾を引く悩みになってしまう恐れがあります。血のつながりがあれば、時間とともに、修復される可能性もありますが、法律上の家族の場合は、むずかしい関係がずっと続くことも覚悟しなければなりません。まさに相手次第という面が出てきてしまうのです。

とりわけ、家族数がふたり、3人と少数の場合、家族数が少ないだけに、うまくいかなくなったとき、満足度は大きく振れます。ひとりの人とうまく関係を持つことができなくなった場合、間に入って、緩衝役を買ってくれる人がいない分、人間関係の悪化が長期化する傾向があるようです。家族数が少ないために、肝心の人間関係を良好に保つことがむずかしいのかもしれません。

身体能力が低下し、体が徐々に言うことをきかなくなってきた。娘と同居しているから生活自体は困らないが、子供も忙しく、それほど自分の生活を見守ってもらえるわけではない。遠慮もある。やはり自分自身の体が、もう少し言うことをきいてくれたら、どれほど

満足できる生活になるかと思う。（女）

やさしい子と同居だが、子は仕事で昼間はいない。全身に痛みが走り、昼間は、ひとりで何もかもしなければならないので、何をするのもつらい。また、たとえ子が家にいてくれても、痛いのはどうしようもない。これを悩んでもしかたがないので、あまり悩まないようにしている。（女）

同居していても、体が自由に動けなくなってくると、自分自身の身体に腹が立つ。いくらやさしい家族がいても、助けてもらうことはできない。早く死にたいと思っても、こればかりはどうしようもなく、ただいらいらするだけである。体調も悪く、悩みもたくさんある。（女）

子といってももうとっくに成人しているが、結婚には興味がないようだ。子の今後のことを心配しているが、家庭は円満で、とくに悩みはない。（女）

同居しているが、大病をして、後遺障害が残り、ずっと家にいるしかない。家族に気兼ねをしてしまう。何もできない自分自身に対して、歯がゆい気持ちになり、外で働きたいという気持ちになる。自分自身の不甲斐なさを自覚して気分が落ち込む。（男）

健康状態が悪くなってくると

家族と暮らされていても、年とともに、徐々に体が不自由になってきたら、自分ではどうしようもないわけです。いくら家族に合わせて動こうとしてもできない話ですから、窮地に追い込まれる結果となります。また、けがや病気の場合は、リハビリテーションをやって一生懸命努力した結果、後遺障害が残っているわけですから、そう簡単に治るはずはありません。すなわち、残りの人生において、ずっとこの状況が続く可能性があるのです。つまり、同居であっても、自分自身の体の不自由に困ってしまうことは同様であり、独居の人が経験することと同じようなものではないかと考えます。

しかも、今の時代は、他の同居家族も忙しく、それほど、介護できていない姿が浮かびあがります。やはり、加齢に伴う身体能力の低下は、独居であろうと同居であろうと、厳しいものであるという現実から逃れることができません。それだけではなく、加齢とともに健康状態が悪化してくると、独居では、自分の身体能力の低下だけが悩みの種でありますが、同居では、それに、他の家族への気遣いという余分な気苦労が加わり、より厳しい状況に追い込まれてしまいかねません。この状況から脱するには、同居をあきらめて、受け入れてくれる施設に入所するか、同居している家族の考え方が変わってくれるのを待つしか方法がないわけです。同居では、このように非常に解決がむずかしい大きな悩みを持つことになります。

そこで、健康状態によって、同居と独居では、満足度と悩みに差があるかどうかを調べました。その結果、健康状態が上から順に「よい」から「あまりよくない」までの4つの段階では、同居は独居と比べて、全体的に悩みが多くなっており、満足度も低い傾向が見られました。特に、健康状態が「あまりよくない」という状況において、差は顕著にあらわれます。同居は悩みが多くなりますが、独居では悩みが少ないままなのです。しかも、このとき、ひとり暮らしの方々が指摘された満足度は、全体の平均と同じくらい高い満足度であり、ひとり暮らしの方が、体の調子が悪くなってきても満足されながら生活されていることがわかります。

つまり、**同居は、独居と比べて、悩みが多いために、満足度が低くなっているのではないか**という仮説が成り立ちます。

では、それを確かめるために、同居におけるいくつかの家族構成について、もう少し詳しく見ていきましょう。

家族構成の影響

孫も含めて9人の大家族だ。自分のいる場所は狭くなったが、にぎやか過ぎて困るほどだ。今の生活に満足しているが、孫は私の言うことを聞かない。(男)

家族みんなの食事をつくっているが、皆、何も手伝ってくれない。また、若いものと生活リズムが異なり、さらに食べるものも好みがばらばらである。いくつもの料理をつくらなければならないのは不満だ。(女)

三世代世帯は中身が重要

アンケート調査の結果では、三世代世帯に暮らす60歳以上の人の日常生活満足度は高く、他の同居形態はだめでしたが、同居の中で、唯一、独居者の満足度(73・5点)をわずかに超える値(76・4点)でありました。

三世代世帯の場合、孫の存在が大きく、満足度に大きな影響を与えているのではないかと思われる声を良く聞きます。孫には、将来何になるのかといった期待に裏付けられた楽しみがあります。高齢者が住む環境では、なかなかそのような明るい話題は少なく、孫の世話は多くの高齢者にとって、明るいものとなります。その孫が家族の中心となり、そのお陰で、家族全体の生活が楽しく夢のあるものになっているのかもしれません。しかし、その一方で、孫が成人になり、家族の中心から離れていくようになってくると、孫と祖父

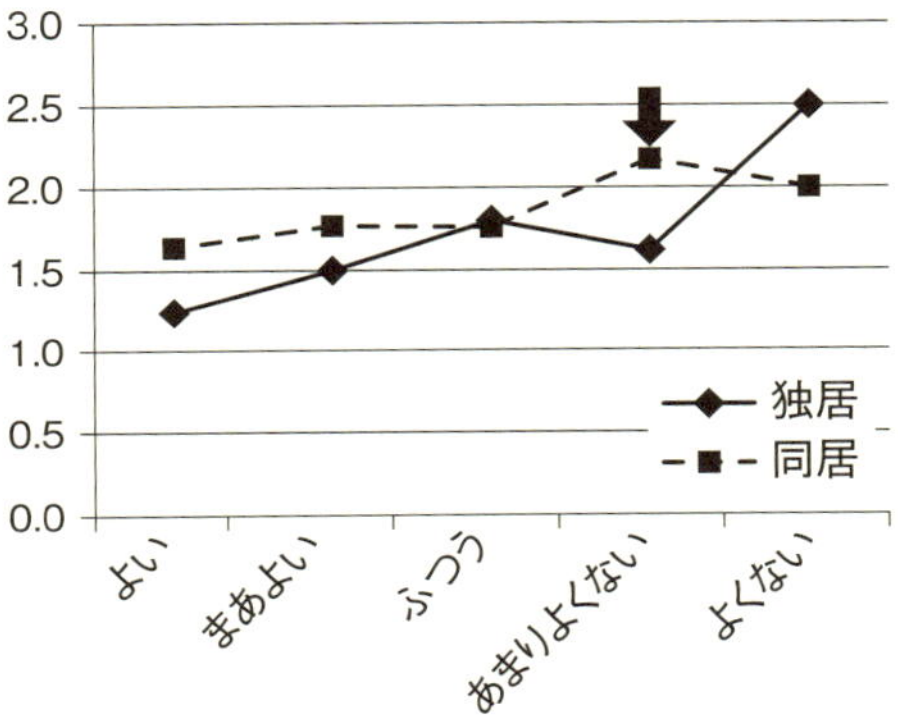

図5 悩み 健康状態が「よくない」を除き、同居はひとり暮らしより全般に悩みが多い傾向が見られた

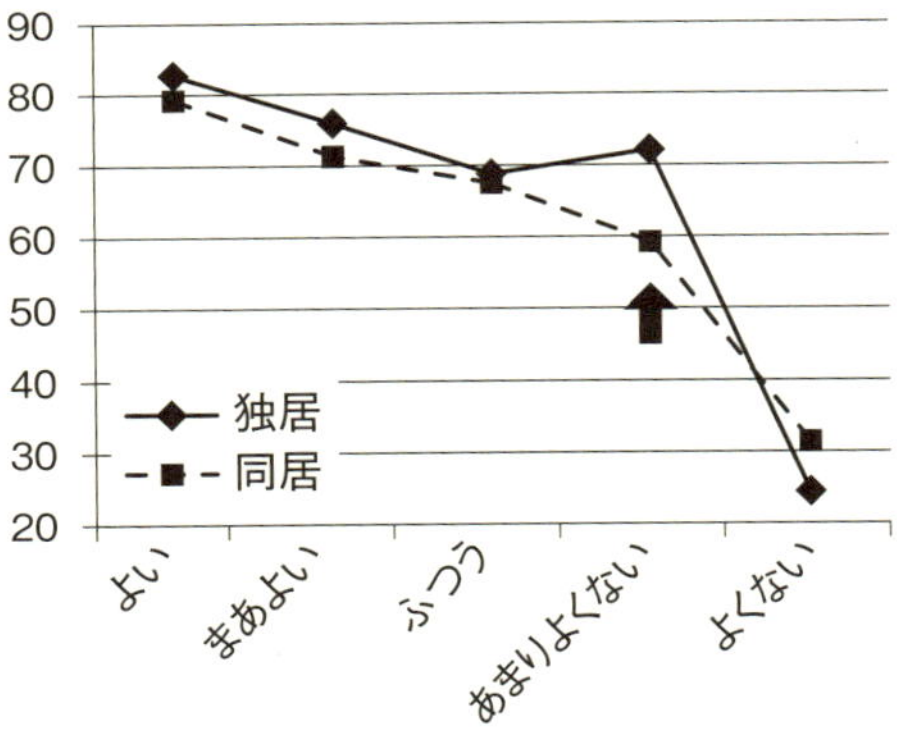

図6 満足度 健康状態が「よくない」を除き、ひとり暮らしの方が満足度が高かった

母との関係も変化してくることが考えられ、時間の経過とともに、環境が変化し、高齢者にとって、ずっと三世代世帯が良好な生活環境であり続けるかはわかりません。

また、年齢とともに、徐々に身体的能力が低下し、逆に家族の助けが必要になってくると、なかなか自らの意思を貫いて活動できない自分自身に失望し、満足度が低下してしまう人も見られます。

昔の三世代世帯では、高齢者も家族の一員として溶け込んでおり、ごく自然に体調が悪いときなどは助ける体制になっていたのかもしれませんが、今では、自分自身をある程度抑えて暮らしておられる面もあるように思われる例に出合います。アンケート調査では、三世代世帯は、ひとり暮らしの人の満足度と同じ程度の満足度しか得られませんでした。これは、元々、三世代世帯といえども、この程度の満足度しかなかったのかもしれませんが、もしかしたら、三世代世帯の中身が、かつてに比べて劣化してきていることを示すものかもしれません。

しかし、同居の中でも、比較的安定した日常満足度が期待できる三世代世帯という形態は、残念ながら最近減少してきているのです。地域差が大きいのですが、内閣府によりますと、日本全体では、1980年では三世代世帯が一番多く、全体の半分程度であったものが、2010年になると夫婦のみの世帯が一番多くなり、三世代世帯は3割程度まで減ってきています。東北地方などを中心に、地方では今ももっとも多い家族構成ですが、大都市では、ひとり暮らしや夫婦だけの世帯がもっとも多くなっています。

今回のアンケート調査でも、三世代世帯が減る理由のいくつかが浮かび上がりました。まず、都会では、住宅事情が悪いため、都市部で三世代が物理的にひとつの家に住めるほど大きい家が少なくなってきています。そのような大きな家を都会で探そうとしてもなかなか見つからなくて困ったという話もあります。最近では、都市部で大きな家を探すことは難しくなってきているようです。確かに、新聞で広告されている新築住宅は、どれも核家族が住むことを想定しているような住宅ばかりのような気がします。

次に、子世帯の通勤に便利だから、別居でスタートしたということも良く聞く理由です。忙しい子世代を考えると、それも当然の選択とも言えます。通勤や通学、塾通い、などさまざまな状況で、交通の便利なところに住むことが必要となってきます。特に、結婚当初には会社との距離が近いところを選択した方が、子育てや通勤に有利に働くわけで当然かもしれません。

また、親世代や子世代が、それぞれに自分たちの暮らしぶりを守りたいという気持ちが強いということも関係しているかもしれません。その結果、子供が結婚する場合、多くは独立して新婚時代を過ごす場合が多くなります。

一度、独立した子世帯は、自分たち独自の暮らしぶりを形成させます。もし自分たちの生活様式ができあがってしまうと、親世代と同居しようとしても、それぞれに快適と思われる暮らし方ができあがっているわけですから、ひとつの台所や風呂をうまく使い分けることがむずかしくなります。結果として、三世代世帯という家族構成が少なくなってきているのでしょう。

夫はパソコンばかりやっていて、ほとんど何もしない。普段は、ずっとパソコンをやっているため、夫婦の会話はほとんどなく、ただ、同じ屋根の下に住んでいるだけという感じである。(女)

夫が入院したとき、私はいろいろ世話をしたのに、私が入院したときは、夫は何もしてくれなかった。何事につけても、夫はわがままで、自分のことしか考えていないと思う。(女)

夫が細かなことまで、口を出してくるのでうるさい。気分が滅入る。(女)

夫は掃除や片付けなど、細かなことまで、自分で進んでやってくれた上に、何も言わない。他人の話では、何かやってくれた夫は、よく妻に自慢したりすると聞くが、私の夫には、そのような所もない。（女）

夫は、とっくに退職していて、今は何もしていないのに、相変わらず私が家の仕事を何もかもしなければならない。せめて食事の後片付けや掃除だけでも、手伝ってくれたらと思うが、なにもしてくれない。一体、いつまでこんなことを続けなければならないのかと思うと、腹が立つ。（女）

夫婦だけの世帯は二極化

大阪では、現在、夫婦のみの世帯が、家族構成として、一番多く見られる構成となっています。夫婦だけの世帯の満足度は、すばらしく高い満足度を提示する人もおられれば、まったく評価しない人もおられ、個々の例で、非常に大きく満足度が変化するのが特徴と言えます。つまり、当たり外れが大きいということです。これが三世代世帯のように家族数が多いと、緩衝役になってくれる家族がいるので、気持ちが和らぎます。そんな緩衝役がいない夫婦だけの世帯では、アンケート調査によりますと、満足度は低く、悩みも多く、アンケート全体の平均満足度と比べても、不満派が多いという結果になりました。

夫婦といえども、まったく別々の役割を果たしてこられ、異なった人生を歩んでこられたわけです。それぞれが別々の生活様式を確立してきていることは当然で、年とともに、残り少ない人生を、自分の理想の形に少しでも近づけようとすることも納得できることです。それが、時に夫婦でぶつかると、緩衝となってくれる他の家族がいない分、強く反応が出てしまうのではないでしょうか。

とくに、夫が、仕事人生の間、不在が多かった家庭では、その差が広がっていることが考えられます。そのような場合、退職後にずっと夫が自宅にいるようになると、夫にとっては普通に振る舞っているつもりでも、妻の側には、さまざまな思いが浮かんでくるのも、無理もない事です。

夫婦のみですから、相性が合うときは、とても良好な関係を築きます。この場合、満足度も非常に高いです。そのようなご夫婦で、もし片方が先立つようなことがあれば、残された人は非常に嘆き悲しまれます。残された方の生活満足度は大きく低下してしまうのです。一方、もし長い夫婦生活の間に、ふたりの相性が悪くなってしまうと、夫婦の関係ですから法律で規制されている部分は割り切れることもあるのでしょうが、心情の部分をふたりの間で調整することは困難になるでしょう。非常に大きな不満の種を残すことになります。そのためか、もし片方が先立つようなことがあれば、残された人は、肩の荷をおろされたように語られ、日常生活に満足するようになったと言われる人もいます。このように、残される人の立場から考えると、ひとりになってからの長い余生を考えれば、老後全体の満足度という意味では、両者の差は大きくはないと言えるのかもしれません。

人間が生きていくためには、衣食住にかかわる日常の世話を、どうしてもやっていかなければなりません。片方が、仕事などどうしてもやらなければならないことがあって、手伝うことができない状況ならば、納得する部分もあるかもしれませんが、今や時間がたっぷりあるようになっても、一方にずっと寄りかかって生活しようとすることは、不公平だという思いが出てきます。アンケート調査をしていて、仕事を終えた夫が、どの程度、この家事業務に携わるかということが、妻の側の満足度に大きく影響していることが感じられました。もし一方的に、妻がすべての家事をやらねばならないとしたら、妻にしてみれば、夫が生きている限りこれが続くことになり、その不満が膨れあがっていきます。

今の若い世代は、夫も家事にかかわることが多くなってきたと言われていますので、今の時代の夫婦が高齢期に達する頃は、この問題も解消しているかもしれません。しかし、若い頃、夫は、こんな一方的なことはなかったという話も聞きます。結局は、年をとった時にその人がどう行動するかということは、その時になってみないとわからないことなのかもしれません。

子と家内もカラオケ大好きで、歌のことでもめることはあっても、それ以外ではもめない。快適だ。（男）

娘が忙しいと言って、何も手伝ってくれない。腰痛があるのに掃除をするのが苦痛だ。同居でないなら、自分のペースで掃除もできるが、そうはいかないので、非常に苦しい。（女）

子が買い物をしてくれるので、自分は料理をするだけだ。それも、夕食は、勝手に自分の食べたいものを子が買ってくるので、ときどき一緒に食べている。これで十分に満足している。（女）

子が横暴で、自分のことしか考えていないようだ。そのため私は、自分が好きなゲームで遊んでいるときだけが、唯一のやすらぎのひとときだ。（女）

この間、体がだるいときがあり、横になっていたら、子から「だるいと思うから、だるいのだ」と言われた。（女）

ひとり親と未婚の子世帯、夫婦と未婚の子世帯

このふたつの家族構成は、血のつながっている人ばかりなので、非常に良好な環境かと思いきや、アンケートでは、意外に満足度の評価は両者ともに低い値に留まりました。このような家庭に住む高齢者側の思いは、やはり子の行く末であり、自分や自分たちがいなくなったときに、子はどうするのだろうかという心配が大きいのです。両者ともに不満があるとはいえ、夫婦と未婚の子の場合は、夫婦が揃っているためか、子は自由に行動する傾向があるように思われます。それが、ひとり親となってしまうと、その子はある程度、買い物を担当するなど、家事を手伝うようになる傾向があるように思われますが、やはり、少ない人数で家庭を構成していますので、良いときは、良いのですが、一度、関係が悪化すると、緩衝役になってくれる他の家族がいないためか、かなり厳しい満足度評価を下されます。夫婦のみの家庭と同様、家族数が少ないということは、ある意味、大変なことかもしれません。

実際、アンケート結果を、**家族数別に集計してみますと、独居と４人以上の家族がいる**

図7　家族数別　満足度

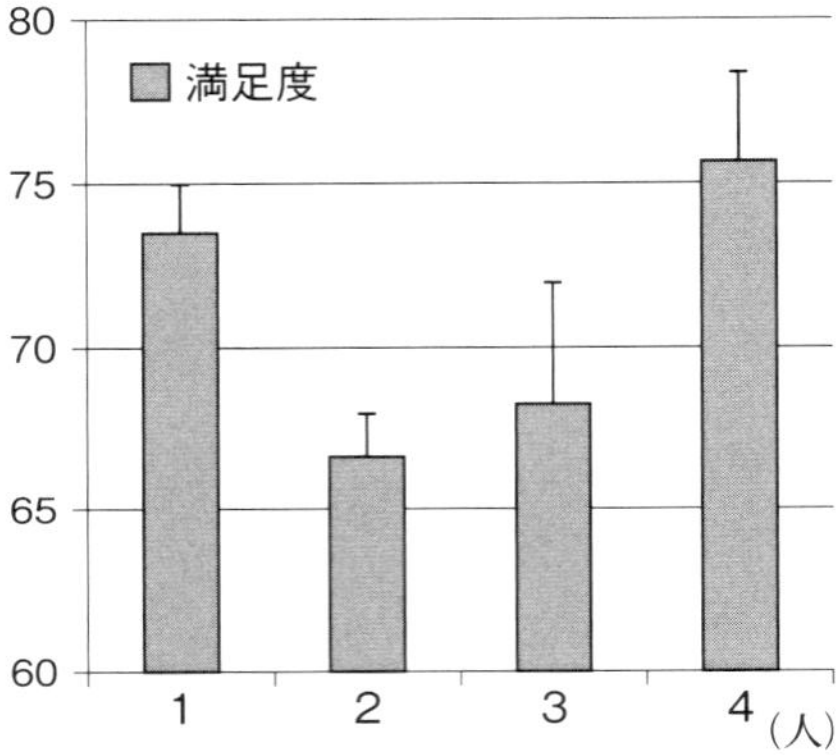

人の満足度が高く、家族数ふたりの満足度が最低で、家族数3人の満足度はその中間でした。このことは、緩衝役の働きが大きな意味を持っていることを示す結果と考えられます。

また、アンケートをとっていて感じるもうひとつの問題点は、家族間でのコミュニケーションの低下です。家族間で、何か話し合うというような雰囲気ではなく、家族同士でもお互い何を感じて、どう考えているかということを話題にすることすらできにくくなっている様子がうかがえます。特に、家族数が少ない家族構成では、夫婦のみだけでなく、ひとり親と未婚の子との組み合わせでも、家族同士の意思疎通が不十分であると感じる例も多いことに気づきます。

では、なぜ、家族間でのコミュニケーションが少なくなってきているのでしょうか。家族で過ごす時間が少なくなってきているのでしょうか。それとも、以前とあまり時間数は変わらなくても、その内容が変化してきているのでしょうか。もう少し声を集めて、考えてみます。

困窮する子世代

子の帰る時間が遅く心配な上に、帰ってから食事や風呂に入るので、自分が寝る時間が遅くなる。朝は弁当をつくらないといけないので、睡眠時間がどうしても短くなる。（女）

家族6人のすべての家事をやっているが、子の教育などに時間がとられて、寝る暇もない。疲れた。（女）

子世代はあえいでいる

同居・別居にかかわらず、高齢の親を持つ子世代（40、50代）は、忙しいです。当診療所を受診されるこの世代の方々は、日常生活満足度も非常に低く、大抵大きな悩みやストレスを抱えておられます。

もちろん忙しい中で、医療機関を受診しなければならない状況なのですから、当然とも言える結果なのかもしれませんが、とにかく、疲労が極限状態になってから、来院されているように思われます。しかも、そのためか、なかなか良くなってはくれません。心身ともにかなり疲れ切っておられることが推測されます。

同居している状況下でも、子世代は、自分の生活だけで、あえぎながら日々を暮らされている場合が多いです。そのようなとき、親世代からの支援要請が来てしまうことを想像してみてください。その子がどのように感じるか、なんとなくわかるような気がしませんか。親世代としては、子世代の困窮を頭では理解されていても、親も、どうしても支援要請しなければならない厳しい状況に追い込まれてしまったから、なんとか助けを求めているのです。親世代になんら問題はありません。しかし、子世代も厳しいわけですから、ちょっとしたことで、感情の行き違いが起こり得ることは明らかです。そんなとき、もし、子世代から、冷たい返事が返ってきてしまえば、親世代にとっては、大きなストレスとなってしまいます。

子世代を取り巻く労働環境の変化

子世代が同居している場合、子世代が共働きであることは珍しくなくなりました。以前では、夫は仕事、妻は家庭というひとつの形ができていましたが、今は、両者が助け合わなければ何もできない状態になっています。ところが、現実は、夫は厳しい労働条件の中で仕事をしなければならない場合が多く、とても子育てや家事を手伝えるような状況ではありません。やむなく、妻が家事・育児・仕事の3役をこなすことになりますが、これは事実上、不可能に近い仕事量をこなさなければならないということです。

ＮＨＫ放送文化研究所によりますと、最近では、大きく労働環境も変化し、勤務時間帯も時間的な制約が薄れ、24時間勤務や交代勤務制の仕事も増えてきました。以前のように、一定の時間に、出社して仕事をすれば良いというわけにはいきません。出勤時間や退社時間がばらばらになっている場合も多く、そのため、他の家族も影響を受けている場合がほとんどです。他の家族は、その生活リズムに合わせていかなければならなくなり、自分の理想的な生活リズムを保つことができません。いきおいその人の生活満足度は低下してしまいます。

このように考えていくと、誰も何も悪くないことに気づきます。みんな限界までがんばった結果なのですが、それでも、子世代が困窮しているがゆえに、親に充分な支援を与えることができないという状況を変えることができていません。

夜中に子供といっしょに寝ていると、子供の寝相が悪くて足蹴りされたり、夜泣きで起こされたりする。毎晩のことなので、毎日疲れている。子育てがこんなに苦しいものだと思わなかった。（女）

3日間、子供に一切、動画をみせなかったら、夜良く眠ってくれるようになって、私も助かった。(女)

子供はいるが、子供も孫のことなどで、ほんとうに大変そうで、とてもじゃないけど、私の面倒を見てくれとは言えない。(女)

子世代の子育ては母親の体力勝負

今の時代の子育ては、母親の体力との勝負となっており、お母さんはぎりぎりで生活されておられます。そのため、ちょっとした子供の体調不良で、母親まで倒れて、祖父母の支援が必要になってしまうのです。もちろん、このようなことは以前にもあったと考えられますが、近年、子供の寝相が悪くなり、夜泣きや足蹴りで、母親の睡眠が妨げられて困っている例が多くあります。睡眠不足は、誰にとっても健康を害し、体調不良やいらいらの原因になります。夜泣きや足蹴りで母親が眠られなくなっているのは、一体、なぜなのでしょうか。

最近、情報化の流れは茶の間(テレビ)から手のひら(スマートフォンなど)にも、広がってきました。テレビやゲームを楽しむ機器も、どんどん小さくなり、いつでもどこでもすばらしい音や映像に浸れる状況になっています。もし、それらが、ずっと子供の目の前を、流れているとしたら、面白い映像や音から出る情報から、幼い脳は逃れることができないでしょう。それが夜中、寝ているときに、子供の脳裏に蘇って、夜泣きするのではないでしょうか。

そこで、子供の夜泣きと足蹴りで困っておられる若い母親に、しばらく子供に映像を見せないように依頼しました。すると、夜泣きや足蹴りが減ったのです。母子ともに、夜間の睡眠が良くなるので、体調が良くなり、子供に多い耳鼻科的疾患のひとつである滲出性中耳炎という病気まで、軽快しましたので、学会誌に報告したくらいです。

マーシャル・マクルーハンは、テレビなどに表示されるディスプレイ上の文字は、その上に当てられた光（反射光）によってではなく、その中を通ってくる光（透過光）によって出現していることを指摘しています。つまり、子供の脳は、紙に印刷された文字とディスプレイ上の文字を区別している可能性があるのです。また、酒井邦嘉は、人間は、ディスプレイ上の文字を見ても、脳が持つ注意する能力を十分に働かすことができないのではないかと述べています。もし、これらのことが正しいとするならば、子供がいくらディスプレイでいろいろなものを学んでも、紙に印刷された試験では、充分に実力が発揮できないことになってしまいます。これだけ、情報化が進んだ世の中でも、いまだに、テストは紙に印刷された文字で行われているのです。子供が喜ぶからといって、思う存分、テレビなどを見せて、いろいろなディスプレイを子供に渡していると、子供の優秀な脳は、完全なだまし討ちに遭ってしまうことになってしまいます。そして、その結果、その子の人生は、狂わされることになるのです。

最終的には、その子供たち（孫たち）は、自らの実力を正当に評価されることなく、困窮は始まります。孫たちは、実力を評価するものが、紙ベースであるがゆえに、高く評価されず埋もれてしまうのです。それがゆえに、就職や仕事の上で不利な立場に追いやられ、社会的、経済的に弱い状況に置かれ、それを支える親世代が引きずられ、さらに高齢世代まで影響を受けてしまいます。アンケートをとっていると、多くの方々から、孫や子のことがとても心配だという声を聞きます。家族は、今も支え合う最小単位なのだから、子であろうと、孫であろうと、困難にぶつかれば、家族全員に心労がかかってしまいます。結果として、家族全体が、心身ともに余裕を失い、どうしようもない袋小路の中で、苦しむ結果になりかねないのです。

情報化が人に与える影響

夫はパソコンに興味を持ち、ずっとパソコンの前に座って、ネットで遊んでいる。疲れたら、うとうとしている様子だが、私とは話をしなくなった。夫婦間でまったく会話がない。食事のときも、あまり話が続かない。パソコンさえなかったらと思う。（女）

パソコンや携帯さえなければ、子との会話も増え、また違った関係になっていたと思う。家にいても、子が夢中になっていると、つい声をかける機会を失ってしまう。（女）

視野が狭くなる

世の中はまさに情報化一辺倒です。テレビも今までの大きな画面で見なくても、いろいろな機器で見ることができるようになってきました。いつでもどこでも、見ることができるということは、家の居間であろうと、寝床に入っていようと、その人が見ようと思えば、見ることができるということです。

しかし、この流れをどんどん推し進めてくると、その先に何が待っているのでしょうか。

コンピューターを操る人間は、コンピューターと人間との関係を、うまく調整しようと思ってシステムを構築しているわけではありません。今のネット世界は、人間にとって非常に魅力的なものばかりを詰め込んで、情報交換をビジネスにしようとしているだけのように見えます。確かにネットワークに関しては、常に人とつながっていると感じさせるようなさまざまなサービスを提供しています。つまり、コンピューターの世界に浸りきり、日常ごく僅かな人と簡単な接触をするだけで、まるで広い人間世界から隔絶した世界に身を置いているような人を大量生産しているかの如くです。つまり、そのようなシステムで、情報交換できる相手の数は、せいぜい数百人の単位ではないかと想像しますが、地球上には億単位の人がいて、いろいろな考えを持っているわけです。いくらがんばっても、一部の意見だけにしか触れていないことになります。住んでいる世界が狭いのです。

ネット上では、非常に膨大なデータが存在しますので、ネット社会とつながっていたら、非常に広い世界とつながっていると感じられて安心です。しかし、ネット上である情報を探そうとすれば、あまりに膨大なデータが存在するので、一個一個のサイトを調べていくことはできず、どうしても検索ロボットというサービスを使うしかありません。この検索ロボットの機能はすぐれもので、瞬時にその人の好みの情報を探し出してくれます。多くの人は、その人が望んでいる情報を入手したと感じたら、2度、3度の同じ検索はせずに済ましてしまいます。つまり、ほとんどがたった1回の検索結果で満足してしまうのです。もしたった1回の検索で満足すれば、たとえ検索結果に、ある種の偏りがあっても、気づく可能性は少なく、そのまま受け入れてしまいます。もしかして広い世界の中の非常に狭い世界からの情報だけで満足しているのかもしれないのです。ネットは広そうに見えて、のぞき見ている世界は非常に狭い可能性があります。つまり家庭内に別次元に住んでいる人がいて、その人がまったく別の価値観を持っており、なおかつ、狭い世界に住んでいるという状況が見えてきます。

その人だけは幸せだが

また、ネット上にあるさまざまな情報を見たり、いろいろなサービスを楽しむことで、個人で十分に楽しむことができるようになったため、なにも身の回りの人と親しく会話しなくても困らないようになりました。まったくその人自身は寂しくないように見えます。それは、何もネットの世界だけではなく、たとえば、ＤＶＤなど映像文化、とりわけマルチメディアと言われる、音と映像を駆使して、非常に迫力のある、臨場感あふれるメディアに、終日浸る場合も同様ではないかと思われます。その世界は、その世界の中にいる人にとっては、小宇宙であり、その人にとって、幸せな世界なのです。

半年前にスマートフォンを持つようになってから、夢にまで画面が出てくるようになって眠れていない。耳鳴りがして、いらいらする。（女）

ずっとネットやＤＶＤを見て、ご飯を食べていない。５キロ痩せた。（男）

しかし、いくら幸せな空間でもここまでくると、かならずしもその世界は平和ではなさそうです。非人間的な世界にまで引きずり込まれてしまう危険性を感じます。人間は寝て食べて水を飲まないと生きていけないのです。まるで、それすら忘れてしまったかの如くです。彼らの住む世界が、面白すぎるのでしょう。

ところが、その姿を傍で見ている家人にとっては、まるで意味ある会話をすることのない、一人の生き物が家庭の中にいて、食事や身の回りの世話だけ、要求してくるように感じかねません。なぜなら、その人の体を気遣って、何を話しかけても通じないのですから、このように感じるのも当然とも言えます。

子にネットをあまりやらないように言うが、まったく私の言うことを聞いてくれない。夜も遅くまで起きていて、朝も起きにくい。私が見ていても、生活の乱れは明らかだ。（女）

なんとか必死に、ネットから離れるように子に訴えるのですが、聞き入れてもらえない姿が浮かびます。とにかく、彼らにとっては、非常に魅力的な世界で、そこでは、友達もたくさんいて、見たい情報も山ほど積み上がっているわけです。もう、誰も止めることができなくなっています。

つまり、家庭内に別次元に住む人が混じってきたということを意味します。家族という枠内で、まったく周囲に関与しようとせず、自分だけの世界に住むようになれば、家庭崩壊という方向に向かってしまうことは容易に想像できます。個々の人々が、情報化の流れによって、離ればなれになりやすい下地が形成されることになりました。

家庭内での孤独感

三世帯家族だが、皆それぞれに好みが強く、食事内容も、生活リズムも異なる。また、いつも携帯をさわっていたり、忙しそうにビデオなどを見ていて、何も手伝ってくれない。かわいい孫にも嫌われたくないので、つい何も言えずにがまんしている。ストレスがたまる。（女）

昔は、女はこうあるべきだと教えられた。今の子は、自由だが、何もかも自分の思い通りにするので、ばらばらになってきているような気がする。（女）

自分は大家族で生まれ育った。今も、三世代家族だが、以前と比べて、若い者があまり話をしなくなったように思う。テレビや携帯などいろいろなものに夢中になっていて、話しかける機会も少なくなったと感じる。（男）

夫婦のみで暮らしているが、ずっと夫はコンピューターばかりやっていて、夫婦の会話がない。一日に「ご飯は何」としか言わないことがある。やはり、一緒に暮らしているのだから、もう少し会話が欲しい。コンピューターさえなければ、もっと話ができて夫婦仲も変わっていただろう。（女）

家族の中身が変わってきている

情報化が進展する以前の世界では、いろいろな人々と直接出会ったり、肉声で会話する機会が多く、人間関係はもう少し濃かったのではないでしょうか。そのような関係においては、相互に信頼することができ、もっと無理も聞いてもらえそうな雰囲気があったと思います。しかし、それが電子化され、人間の感性に訴えることが少ないメールなどの電子媒体に置き換えられてしまうと、なんとなく人と人との触れ合いが、不確かになってきてしまったように感じます。このような状況では、他人との強い結びつきを実感することができにくくなり、ある程度、人と人との距離を、少し離さなければ、心が不安定になってしまう気がするほどです。しかも、以前では、厳格な規範に従うように強制されていたものが、今は解放されたためか、今の世の中は、何事においても、その人が持つ思いを尊重する方向に向かっています。当事者の思いを大切にし、できるだけ尊重することが良いことだとされますので、みんながばらばらに自分勝手に振る舞うようになりました。それがその人にとって良いことならば、問題は起こらないのですが、外から見ているとだめなのではないか、と思えるような状況になっても、周囲の人の話を聞き入れない状況になっています。

確かに、個々の人が、その人の思いで行動すること自体は、問題はありませんが、ここまでになってしまうと、家族間のコミュニケーションはなく、家族の中身まで変わってきてしまいます。つまり、昔の家族と今の家族は、中身が変化してきているのです。

しかも、このような状況は、世の中のあらゆる場所で進んでいるため、家庭内でも、完全に市民権を得たようになり、家族それぞれが、独自の世界に住むことを容認されたような雰囲気になります。つまり、同じ屋根の下で、常時向き合っている家族同士でも、それぞれが自信を持って、別々の空間に住んでいることになります。このような家庭では、家族間の意思疎通は少なく、その場にいる高齢者は、同じ屋根の下にいながら、他の家族とは別の世界に住んでいるように感じることになり、孤独感や孤立感を深めるようになってしまいます。

しかし、もはや、この情報化の流れが逆戻りすることはあり得ません。ですから、このような状況であることを踏まえて、家族間の心の絆が薄れてきた状況下でも、新たな家族同士の付き合い方ができるように、一定のルールづくりが必要な時期にきているのかもしれません。

体がいうことをきかなくても

同居だが、病気の調子が悪く、なかなか体が良くならない。子供たちはやさしく、精神的には何も言うことがなく満足しているが、病気で満足度は半分以下まで一気に下がる。この病気さえなんとかならないかと思う。(女)

家族と同居しているので、いざというときは、心配なく、精神的には楽だが、いかんせん、自分の体があちこち悪くなってきて気分が落ち込む。体調さえ元にもどれば最高なのだが、どうしようもない。（女）

一生懸命、私を支えてくれる家族には感謝しているが、自らの手足が動けなくなることは苦痛である。これがもう少し動けるようになりさえすれば、日常生活の満足度は上がるのに、残念だ。（女）

多くの家族と同居しているが、皆、忙しくて助けてくれない。忙しくしている子供に何か頼むのも、気を遣う。孤独だ。身体が思うように動かないことを情けなく思う。（男）

体がいうことをきかない

同居においても、身体能力の低下は、本人の問題であり、こればかりは、いくらやさしい家人が傍におられてもどうしようもありません。もちろん、それでも独居よりは、はるかにましで、いろいろな支援を受けていますので、安心と言えます。しかし、同居という環境においても、いよいよ身体能力が低下してきた場合や自宅で看取られる場合は、本人が感じる苦しさや困難さは、また違った形かもしれませんが、ひとり暮らしと同様ではないかと思われます。

自宅で母を看取ったが、最期はあの厳格であった母が、まるで子供のように思えた。もう私自身は、自分の最期は施設に入ろうと思っている。（女）

最期まで自宅でお母さんを看取られた人は、ほんとうに24時間、ほとんど2時間置きに何かしてあげないといけないような状況が何日も続き、母親を赤ちゃんのように思えるようになったと言われます。また、在りし日の有能な親がこのようになるのかと思ったとも言われます。最期を迎える本人はもちろんのこと、終末期を自宅で見送る側にとっても、自宅で最期を看取ることは並大抵のことではありません。今の子世代にそれだけの余力が残っているだろうかと心配になります。

93歳の母と同居だが、2時間ごとに母が起こすので、夜中に眠れない。もう限界であることは、母自身もわかったようで、施設に入ってくれた。しかし、それでも見舞いに行った時、自宅に帰りたいと言う。（男）

家族にどこまで頼っていいか

同居していて、大病や大けがをして病院に入り、さあ退院となったとき、ほぼ元通りの生活ができるまでに回復されていれば、問題はありませんが、もし介護がかなり必要な状況におちいってしまっていた場合が問題となります。

非常に献身的なご家族がおられる場合、たとえ、自立できない状況でも、今まで通り、同居家庭に戻り、今まで以上に介護してもらえる状態になることができるでしょう。その場合、家族への気遣いは必要になるかもしれませんが、とにかく、有意義な人生をさらに延ばせることになるものと考えます。

しかしながら、今の同居家族には、精神的、肉体的に非常に厳しい状況に置かれている場合があります。このような場合は、家族が介護を引き受けることができないかもしれません。その判断は、同居家族としても、ぎりぎりの線であり、やむなき事情があるのが普通です。とても、同居の家族を責めることはできません。それほど、同居家族も苦しんでいるということかもしれません。

では、どうするか、です。

現在では、急性期病院の在院期間は非常に短くなってきています。また、療養型病床でも最大限度3カ月が限界であり、どうしてもいくつかの病院を探しながら、転院を繰り返さなければならない時もあると聞きます。それでもいよいよ、行き先が見つからなければ、老人ホームや高齢者用賃貸マンションのような施設に移り住むことになるかもしれません。そこでは、医療サービスや介護サービスを受ける場合も、新しく頼む形になることが多いと聞きます。つまり、入所した人にとっては、以前住んでいた環境とはまったく別の環境になり、誰も知り合いがおらず、医療も介護も、見知らぬ新しい人が対応するという状況になってしまいます。アンケート調査の結果から言えば、この状況は非常に厳しいと言わざるを得ません。

人は、できるだけ慣れ親しんだところで、最期を迎えたいと思うのではないかと考えますが、同居をされている場合は、家族への気遣いから、自宅にもどれないかもしれないということを覚悟しておかなければなりません。

また、病気やけがではなく、徐々に体力が低下してきた場合においても、最期まで同居家族が見守ることができるかという問題が出てきます。この場合でも、最期まで自宅にとどまることができるかは、同居家族の事情次第です。また、それがかなわぬ場合は、どの程度の身体能力の低下で、施設に入るようにするか、判断を迫られる場合があります。

このように、**同居の場合、自宅で最期を迎えることができるのか、それとも、同居家族を気遣って施設で最期を迎えるようにするのか、というむずかしい判断が最後に控えてい**

ることに気づきます。

同居で、病気の末期まで自宅でがんばった親戚がいたが、最後は、同居している家族も限界となり、つい言わずもがなのことを言ってしまったりしたようだ。やむなく、延命治療は一切しないという約束で入院したが、家族にも再び余力が出てきて、本人にやさしく対応できるようになったという話を聞いた。(女)

とにかく、終末期は、本人はもちろんですが、ご家族にとっても大変なことであり、心身ともに疲労が蓄積してしまいます。そのような時、最後を病院で過ごすという選択肢は、両者にとって、良い影響がある場合もあるということです。

同居は不完全な個の集まり

夫はずっとテレビばかりを見て、子はテレビやパソコンばかりをやっている。呼べば食事のときだけ、階下に降りてくる。会話がないことはないが、話が合わないので長くは続かない。(女)

毎日、5人の家族の食事をつくっているが、それぞれ食べるものの好みが異なるので、5種類の料理を用意しなければならない。その上、せっかく苦労してつくっても、皆、食事の直前まで自室でコンピューターやテレビを見ている。食事中もあまり会話が続かず、食事を済ますと、すぐに自室に戻ってしまう。たまに昔からの友達と会って思いっきり喋るのが唯一の楽しみだ。(女)

家族数は6人の三世代世帯だが、子や孫のために働き過ぎて体調を崩した。他の家族は、私が体調を崩したことに、気にかけてもくれているのかどうかもわからないのが不満だ。一体、どう思ってくれているのだろうかと思う。(女)

一方的な関係に依存するかたち

夫は暇さえあれば、テレビやネットをやっていて、そこから出てこようとされません。さらには、周囲の状況にも無頓着になってしまうので、人と接しながら、なんとなくしっかりとした意思疎通が図れていないような雰囲気があります。そんな感じなので、当然、他人への感謝の気持ちを持っているのかどうかもはっきりわからない状況が出てきます。一体、何を考えているのかわからず、まるで、他の人が見えていないのではないかと思う感じすらあると言われます。それでいて、食事や身の回りの世話は、自分自身ではできません。炊事・洗濯・掃除をはじめ、日々の暮らしに必要な雑事は他の人にすべて頼っています。場合によれば、自分は忙しいのだから、身の回りの世話は、他の人にやってもらうのが当然とでも言わんばかりの態度をとる時もあるのだそうです。精神は独立しているが、肉体は他の人に依存して生きており、個として完全に独立した存在となり得ていないのです。このような人が家族の中にいると、世話をしなければならない人は、大きな疲労感にさいなまれます。

今退職されている年代のご夫婦の場合、現役時代、夫が働き、妻が家を守る形をとっていた人が多いと思います。その続きで、夫が退職した後も、妻が一方的に、夫を支えるという関係が続いているのかもしれませんが、男性が平等に多くの時間を持つようになった退職後まで、妻が身の回りの世話をする傾向が残ることは、妻にとっては不公正に感じるはずです。夫も、今や仕事をしていないのだから、それ相応の役割分担を果たしてもらいたい、ある程度、日常生活の雑事を引き受けて欲しいと考えるのも無理からぬことだと考えられます。

現在は、この不平等さが問題となっている場合が多い気がいたします。人間関係は相互理解から成り立っていると言われます。そのためには、まず相手の話を聞く必要があると言われていますが、根本的に、夫婦間で相互に相手の話を聞くということが、まったくうまく機能していない例も多いと感じています。

人間はひとりで生まれてきて、ひとりで死んでいきます。その間に、片時も休みなく、寝て食べて、水を飲み、動く。そして、暑さ寒さを凌ぐため、生活環境を整え、住むところや着る物を用意する。また、もし余裕があれば、仕事や自分がやりたいことをおこなうことで、人生を意味あるものにしようとします。本来は、この作業工程に他の人が入ることはありません。何もかも自分でやるべきことなのですが、楽だからつい他の人にこれらを頼みたくなります。人に頼めば、依頼心が出てきて、自立できなくなってきます。人は使わなければ、その能力を捨て去る動物ですので、依頼心がその人の能力を低下させてしまうことになります。

ふたりや3人など、少数の家族構成の世帯では、ひとりが何かに夢中になると、ひとりが別のことをやるというのは、ごく自然のことであり、何も問題はないと思われます。しかし、人間が生きていくために必須の作業を、片方の力にすべて頼って生きているのは不自然なことのように思えます。要は、相互に意思疎通が十分に行き届いて、双方が納得されておれば良いのですが、果たして、うまく意思が通じ合えているかどうかあやしい家庭も多く、一方的な関係しか存在しない場合は、片方に多くの不満が残る結果となってしまうのではないでしょうか。

なぜ同居は困難なのか

娘夫婦と2年間同居していたが、子世代が共働きで忙しく、孫の世話など、何もかもお手伝いさんのようにやらねばならない状態が続き、自分自身の時間がとれないことに気づき、独居にもどった。（女）

同居しているが、子世代と食事が合わず、ひとりで食べる。やはり生活のリズムも食事も違う。また、子供も孫のことなどで、ほんとうに大変そうで、とてもじゃないけど、私の面倒を見てくれとは言えない。それに、同居すると、どうしても見えてしまうので、援助したくなり、自分の生活がなくなってしまう。（女）

身体が弱ってきたので、忙しくしている同居の子供に頼まなければならないことが多くなってきた。気を遣う。自分の身体が大変なのに、子供に気を遣って頼んでも、嫌がられながら頼まなければならないので、非常につらい。二重につらさが増すので、他人に頼ん

だ方がましだ。（女）

ひたすら子世代を支援する役割？

このような環境変化の中で、高齢者が子世代と同居しようとしても、その人にとってかならずしも満足いく結果になるとは限りません。前述のごとく、子世代は困窮していますので、同居してしまうと、もしかして、高齢世帯は、ただひたすら子世代を援助するだけに終わる可能性すらあることを覚悟しなければならない状況です。

子世代は、新しい時代に適合しようとしているためか、高齢世代とは、まったく異なる生活様式を持っており、生活のリズムも異なります。たとえば、風呂に入る時間帯がまったく異なり、時には深夜に入るときがあります。その音で眠れなくなったり、帰宅が夜遅くになるため、心配で、なかなか寝付かれないという声もあります。第一、食べるものがまったく違います。一緒に食事をとろうとしても、同じものを出しても食べないことも多く、やむなく何種類もの料理をつくらなければならないという話も聞きます。生活習慣の違いなどは、ひとつひとつは些細なことばかりなのですが、日々積み重なってくるとそれがある種のストレスとなってしまうのかもしれません。

若い世代は非常に忙しくしています。多くの課題を抱えながら、がんばっている世代であることは間違いありません。そこに、入っていくということは、身体能力に余力があれば、良き援助者となり、自分自身の時間を持てなくなることも覚悟しておかなければなりません。また、同居しておれば、別居なら見えないところも、見えてしまいます。高齢世代は必ずしも自分の身体状況が万全でなくても、ついつい支援しようとしてしまいますが、これはある意味では、その高齢者自身にとって身体能力の低下を遅らせる効果があり、その人自身のためになることですが、それでも相当な負担です。

アンケートをとっていて、それがあまりにも強いストレスとなって困っている人の話を聞くにつけても、まるで、その人が全家族の生命線になっているかの如くであり、その人がとても満足しながら、家族全員を支えているようには見えません。

3世代同居にも期待はできない

しかも、このように何とか子世代を支援し続けていき、孫が成人になった暁に、今度は自分の身体的能力が低下して子世代の支援を受けなければならなくなってきた時、はたして、子世代側に高齢者を支援するだけの余力が出てきているのだろうかと考えてしまいます。以前の三世代世帯でも、これがうまくいっていなかったのではないかと思われる話が残されています。

昔、日本では、年をとれば山に連れていかれて捨てられたという話は、全国のあちこちで残っています。イーヴァル・ロー＝ヨハンソンの報告によれば、今では、福祉先進国として知られているスウェーデンですら、昔は、高齢者が家族にとって厄介者になってしまうほど衰弱すると、血縁者が集まって老人を「エッテステューパ」と呼ばれる崖まで運んでいって、親戚のみんなが握った長い棒によって崖から突き落とされたといいます。

このような歴史をふまえて、現在では、仕事を終えた者は去るべしという議論は、暴論となったのですが、問題の本質はいまだに残っていると考えられます。

そのような中で、同居していても、大けがや大病を経験すれば、いくらやさしい家族から、彼らができる範囲で一生懸命に介護を受けても、家族介護と病気やけがが治ることとは、まったく別の話であることを実感させられる毎日が待っています。しかも、体が不自由な間、ずっと家族に気を遣いながら、介護を受けることになります。そのようなことをすれば、精神的には、二重の負担がかかることになりかねません。この家族負担は、介護をする家族にとっては耐えがたい苦しみであることが知られていますが、頼む側の被介護者も苦しんでいるということがわかります。家族介護は、介護する側も介護される側も、どちらも幸せにはしないのです。

独居とほぼ同等の満足度を示した家族数4人以上の三世代世帯も、このように、多くの問題を抱えていると思われます。つまり、家族数が多ければ、うまくこれらの問題を吸収しながら、高齢者に対しても一定の支援を続けることができているのかもしれませんが、かならずしも、すべての三世代世帯が幸せとは限らないのではないかと思われます。しかも、これからの時代は、個の時代へと移行しつつあり、家族数が減る傾向は、今後も続きそうで、もう後戻りはなさそうです。そのため、老後の形として、今でも三世代世帯に匹敵する満足感が得られるひとり暮らしを、もっと鍛えて、理想的な選択肢としていくしかないという思いに至ります。

3章
老人ホームに入りたいですか

日常生活において、ひとり暮らしの人が感じておられる満足感は、4人以上の家族がいる三世代世帯に属する人と同じくらい高いものでした。つまり、アンケートからうかがえるのは、満足して老後を過ごすためには、ひとり暮らしを選択するか、4人以上いる三世代世帯に入るかのどちらかということになります。しかし、三世代世帯は、誰もが望めるものではありません。そのため、ひとり暮らしが良いということになるのですが、ひとり暮らしは、寂しいし、なにかあったときに、すべてひとりで解決しなければならないわけで、苦しい立場に追い込まれやすいという欠点が考えられます。ひとり暮らしが、とても理想的な生活環境などとは言えません。そこで、老人ホームなど、高齢者向けに建てられた施設に入所するという選択肢が浮かび上がってきます。

老人向け施設という選択肢

ホームをすすめられたが、同じ立場の人々の中に入る自信がなかったのでやめた。ひとり暮らしだが、ここには近所にいろいろな人がいるから良いと思う。（女）

ホームも何度か見学に行ってみたが、みんな、幸せそうには見えないのでやめた。（女）

自分ひとりで食事の準備ができなくなったら、ホームに入所しようと考えている。子の世話にはならないつもりだ。（男）

ホームに入る話なども聞くが、もう死は覚悟しているし、できる限り、ひとりでやってみようと思う。年金暮らしでぜいたくはできないが、別に経済的な理由からこのように思っているのではない。（女）

至れり尽くせりの施設も

アンケート調査でみなさんのご意見をたずねていると、一度は、老人ホームに入所することを検討された様子がうかがえます。なにもかも閉塞した状況の中、救世主として出現した老人ホームという選択肢は、快適な住環境と生きていくための必要かつ十分な要素はすべて提供されるものであり、もちろん同じ立場の人々が集まっていますので、寂しさもありません。ただ、集団生活ですので、みんなが気持ちよく暮らせるように、一定のルールはつくられていますが、それさえ守れば、信じがたいほど完璧な、すばらしい生活を送ることができるようになっています。多くの入所施設では、一度、入所すれば、自分は何も考えなくても良く、食事や掃除、洗濯まですべて他の人がやってくれるようになります。

また、感染症対策も万全であり、予防接種を受けられるだけでなく、さまざまな外部からの感染症の侵入などにも対策されていて、健康上の安全まで配慮されています。入所後はサークル活動など、自由に自分の時間を過ごすだけとなり、とても快適な生活が約束されていることになっています。

そのうえ、高級な施設では、自分で料理をすることもできるようになっていますが、つくりたくないときなどは、レストランで食べることができ、もし自力で行けなくなっても、職員がレストランの席まで連れていってくれます。風呂も自力では入りにくくなれば、定期的に入れてくれて、水分も十分にとらせてくれます。洗濯や掃除は、もちろんのこと、身の回りの世話も、職員がやってくれ、入所者は、自分では何ひとつやる必要がないようになっているのです。

また、施設によっては、自由に外出でき、外部と連絡をとることもできるようになっています。高級なところでは、それぞれが住む領域は、自分自身の資産となっていて、自由に処分できるようにもなっていますし、広々としたロビーは、まるでホテルのようなすばらしい雰囲気です。大浴場やレストランも完備され、部屋も広々として、サウナやフィットネスで汗を流すこともできます。外部からの訪問者までもてなすことができ、さらに十分に宿泊してもらえるだけの広さを確保している所もあります。

もちろん、24時間、いつでも緊急コールに対応しており、いつでも医者の往診まで手配してくれます。まさに、高齢者のためにつくられたユートピアと言えるかもしれません。そこでは、同じような立場の人々が、それぞれの人生経験を持ち寄って、楽しく歓談しながら、老後を過ごす。もう、何も言うことはない世界であり、あとはのんびりと暮らすだけと考えられます。

このようなすばらしい高齢者用施設のどこに問題があるのでしょうか。老人ホームが持つすばらしい日本古来のお客様をもてなす心、何もかも心ゆくまで行き届いたサービス、まるで高級ホテルや旅館のようなおもてなしの心に、何が問題だというのでしょうか。

ところが、アンケートを集計していて、最も重大な欠陥があることに気づきます。

それは、至れり尽くせりのサービスが提供されていることこそが問題なのだということです。

能力は使わなければすぐ衰える

たとえば、料理をつくる必要がなくなれば、日々その人の頭を悩ませた課題のひとつを考えなくても済むようになります。高級な高齢者用施設では、自由に自宅で料理もできるようになっていますが、大抵、併設のレストランで食べるようになってしまうことが多いと聞きます。というのは、レストランで食事をしたいと思った場合、次の一週間とか一カ月分の食事をあらかじめ、前もって依頼するシステムになっていることが多いためです。そうすると、一度、料理を頼んでしまいますと、もう料理はしませんから、頭を使うことをしなくなります。もちろん、料理以外のことで、頭は使うでしょうから、問題はないのかもしれませんが、とにかく、料理をしなくなり、買い物もしなくなるということは、頭のトレーニングをする場がひとつ減ることを意味します。

頭も使わなければ、どんどん機能を落としていきます。計算をやることも、漢字を使うことも、やらなくなれば、誰しもすぐに忘れて計算ができなくなったり、漢字を思い出すことができなくなったりした経験を持っておられると思います。何も老人ホームに入所しなくても、起こり得ることなのですが、ホームでは何もかもやってくれますので、いよいよ使いません。そうすると、ひとり暮らしに比べて、能力が低下しやすいと考えなければなりません。逆に、ずっと使い続けていれば、脳の機能低下を防ぐ効果が期待できるとされています。脳は使えば使うほど、その機能を維持してくれ、認知症を予防する効果があるとされます。つまり、日本古来のおもてなしの精神が、高齢者にとっては、心身の機能低下を誘発するということになります。過保護はだめなのです。若い頃では、何でも人にやってもらえば済んだことも、年齢とともに、他人を頼れば、自分がやりたいと思うことを自分の力ではできなくなっていくのです。そして、一度、落としてしまった能力を復活させることは、若い頃なら簡単にできたかもしれませんが、年がいくと多大の努力と長い時間がかかってしまうこともあり得ると思われます。

私は、長年、ある老人ホームで働いていたが、新しく、元気に入所してきた人も、3カ月ほどすると、みんなフワーとしてきて、活発さがなくなってくるように感じていた。（女）

私は、できるだけ入院しろと言われても入院しない。なぜなら、1日入院するだけで、落ちた筋力を元にもどすのに、私の場合は、リハビリに1年間もかかってしまうからだ。（男）

人は恵まれれば恵まれるほど、その能力を低下させてしまう生き物だと言えると思います。使わなければ、それを不要なものとして捨ててしまう断捨離《だんしゃり》の名人だと言えます。ある意味では、非常に合理的にできているのかもしれません。

しかし、その能力を一度捨て去ると、なかなか元にもどすことができにくくなります。

特に、年齢とともに、回復力が衰えてくるので、その能力が日常生活に必須のものなら、事態は深刻です。それで、この方はできるだけ入院されないようにしていると考えます。

このように、老人ホームに入所して、至れり尽くせりのサービスを受けてしまうと、急速に自らの力が低下していくことを実感させられることになるかもしれません。これでは、満足する老後の生活もなにもあったものではありません。

集団の中でひとりで暮らすということ

今の時代は、それぞれの人の思いを重視する時代になってきているように思えます。ということは、各人が各様に生きる時代とも言え、独自の世界に住んでいることが多いということになります。つまり、相互に意思疎通する頻度が低下してきても、何も困らない人が集団の中にどんどん混じってくるということを意味するのかもしれません。そうなれば、以前にも増して、人が集まる集団において、コミュニケーション不足から孤独感を感じる人が出てくる可能性が高くなってきているのではないでしょうか。

しかも、このようなことは、人が集まるあらゆる集団において起こり得ますので、なにも高齢者に限ったことではないかもしれません。多くの人々の中に身を置きながら、疎外感にさいなまれ、ひとりぼっちで過ごすことほど、苦しいことはありません。このようなことが学校で起これば、いろいろな事件に発展し、それがニュースで流れることになっているのかもしれません。

ホームに入所していて、日曜日に他の入所者には面会の人が来るのに、自分には誰も来ない。このような時間は、自分がひとりであることをさらに強く感じることになり、休みの日がいやになった。（女）

ホームに体験入所してきたが、食事のとき、周りの人は前掛けをかけてもらいながら、もくもくと食べている。その中にいて、ひとりで何も喋らずに食べていてもまったくおいしくない。自宅にいて、ひとりで食べている方がまだましだと思った。（女）

人付き合いの自由はない

ホームなどの高齢者用施設でも、高齢者が多く集いますので、同じ状況になることが危惧されます。

ホームに入所すると、元々人付き合いがあまり得意でない方は、さほど周囲の人々とは交わりません。アンケート調査でも、人付き合いについて話を聞けた人では、別に人付き合いがいやというわけではありませんが、それほど積極的に人と交わろうとは思われない人が半数近くもおられました。これはむしろ当然の考え方のように思え、その人の長い人生の中で培われてきたものと考えるのが自然ではないかと思われます。しかし、そのような人が集団生活をおくるようになると、まるで小学校の集団生活に再び入ったような状況になり、友達をつくらなければ、仲間に入れてもらえないような状態になってしまいかねません。当然、人付き合いが面倒だと思われている人は、仲間に入れてもらえません。

高齢者用施設に入ったが、みな同じような人たちが集まっているので、まるで小学校に入学したときのような状況だ。早く仲間を見つけないと、自分が取り残される思いがするので、サークル活動には、あまり興味がなくても参加しなければならないと感じる。(男)

長い人生のうちに、その人は人付き合いが面倒だと思うようになってきていたわけなのに、集団の中に放り込まれると、やむなく無理に人付き合いをし始めなければならなくなっている状況が読み取れます。いまさら、小学校時代にもどるのもいやだと思われる人は、孤独になる可能性があります。

また、集団になるとにわかに元気になり、他の人にどんどん自らの考え方を押しつけ、その人に影響を与えようとされる人がいます。その人の元気さの源も、その人が長年培っていたものなので、そう簡単には変わりません。小学生時代と異なり、皆、一様に長い人生で経験を積み、自己を形成してきているので、そう簡単に、その人独自の生活様式を変えることはできません。ちょっとやそっとでは、変われないのです。時には、これが人々の和を乱す原因になります。そして、最悪の場合、いやがらせなどに発展することすら、ありうるかもしれません。

周囲の人々が、温かくその人を見守ってくれるような余力があれば良いのですが、それがなかなかそのような理想的な環境を望めない時代であるがゆえ、この孤独感には注意する必要があると思います。人が集う中での孤独感は、まったくひとりで暮らす孤独感よりも、より深刻であり、強い寂しさを引き起こす可能性が高いです。そのため、高級な高齢者用マンションですら、十分な満足を得られないことが考えられるのです。

結局、高齢者用施設は、身体能力が極限まで低下した状態で入所するところと考えれば、納得がいくかもしれません。もはや自力ではどうしようもない所まで、がんばってきて、これからは、不自由な生活が待っていても、それはしかたがないと思えるような水準まで、がんばるのが良いのかもしれません。とにかく、心身ともに元気な間にホームなどの集団生活に入ることは、希望通りの結果を生むとは限らないことがあり得ます。

あるとき入所している人が、急変された。しかし、周囲の人は身を退《ひ》いてしまい、誰も助けようとしない。みんな冷たいものだと思った。（男）

信頼できる友をつくる時間がない

高齢者用施設では、衣食住のサービスが完備されているため、自由に行動できる時間がたくさんあります。そのために、旅行を楽しんだり、サークル活動に参加したり、たくさんのお友達をつくり、いろいろなサークル活動を通じて、どんどん活躍することができます。まさに充実した毎日をおくることができるようになっているのです。

この方の施設は、入所を開始してまだ2年ほどの新しい施設ですので、まだまだ人間関係が成熟していないためと考えますが、一体、どのくらい付き合えば、このような時に助けあう関係になっていけるのでしょうか。たとえば、高校時代の友人たちは、3年間学園生活を共にしたという経験がベースになって、その後の長い人生とともに、付き合ってきた歴史があります。それゆえ、いざというときに助け合うという深い絆ができあがってきているのでしょう。その意味では、最低3年間の時間が必要なのかもしれません。ただ、むずかしいことは、たとえ高校生活を3年間ともにしていても、ほんとうに、強い絆を結べるほど、深い友情を形づくることができるのでしょうか。高校時代でもむずかしいことを、大人になってから、もしある人に何かあったとき、救急車を呼んで、同乗して病院まで行ってあげるほど、親しい間柄になるには、相当な時間がかかるのではないでしょうか。

老人ホームに入所してこられる人は、人それぞれ長い人生において、異なった道を歩んできて、成長してきたわけです。当然、その人の生活様式は個性豊かなものになっているはずで、そのことを理解した上で、お互いの経験を踏まえて、大人の付き合いが始まるわけです。高校時代では、みんなフレッシュで、いままであった経験も浅く、何もかもはじめてに近い状態で付き合い始めるわけです。それだけに、お互いも打ち解けやすいという環境だと思われます。しかし、老人ホームは違います。みんな自分のスタイルを確立してきているのです。そのような中で、付き合い始めて、長年の友達になるためには、高校時代以上に長い時間が必要になるだろうということは想像できると思います。

ですから、ホームにおいて、信頼できる友達になるためには、やはり最低5年間、できれば10年以上の歳月が必要なのではないでしょうか。

そうなると、何歳くらいでホームに入所しようとされるかにもよりますが、友達をつくるのに10年もかかっていては、お互いに相当年齢が高くなっていて、とても助け合うことができなくなっているかもしれません。つまり、その人の年齢と相談しなければならない話となります。この意味では、ホームに入るには、かなり考えた末でなければならないということがわかります。

住み慣れた環境ではない苦しみ

高齢者用施設は、ある一定の要件を満たした高齢者を、1カ所に集め、そこで効率的にサービスを施すことにより、安価で良好なケアを提供できるという利点を生かしたものです。その利点を最大限度利用するためには、入所する人数が多ければ多いほど良いわけです。ですから、大きな土地に、大規模な施設をつくるわけですが、当然、それだけの土地を手当てするには、郊外が多くなるわけです。郊外では、高齢者が気持ちよく過すためのいろいろなもの、たとえば、静かな環境の良い公園、緑多き自然を感じることができる風景、あるいは、広々とした海が一望できるような場所につくられることも多いと思います。その場合でも、充分に都心へのアクセスも考えられており、都心につながる最寄りの駅まで、徒歩で10分以内というところが多いようです。どうしても駅から遠い施設では、一定の無料バスサービスが付いており、それに乗れば、都心まで座ったままで行くことができるようになっている施設もあります。また、十分な公共施設が整っており、図書館や郵便局、金融機関、市役所の支所まで近くにあるなど、入所する人にとって、利便性を良く考えた施設もあります。そこに住めば、何でも徒歩圏内となり、とても便利な暮らしを手に入れることができるのです。まさに、別天地と言える場所にある施設もあります。さぞかしすばらしい毎日が過ごせるはずです。

住み慣れた土地から、電車で1時間ほどのところの環境の良いホームに入所したが、元気な頃は、なんなく住み慣れた土地にもどって友達と話ができたが、だんだん年をとってくると、足腰が弱り、8分で歩ける駅も20分もかかるようになってきた。そのためもあり、体の自由がきかなくなってくると、すぐにはもどれなくなり、寂しい。(女)

しかし、入所して、年齢が上がってくると身体能力が低下してきます。フットワークが悪くなってくるのです。入所したての元気な頃なら、なんなく歩くことができた距離でも、倍はかかるようになってきます。生活圏が狭まってくることを意味します。

ホームに住まれている方は、そのようなときに、昔住んでいた慣れ親しんだ土地にもどれないことは寂しいと言われます。今回のアンケート調査の最中でも、多くの人から、だんだん動けなくなってきたが、近くのいつも行っているスーパーまでは歩けるので、問題ないという声を聞きました。慣れ親しんだ土地にいるからか、体が不自由になってきて行動範囲が狭まったから寂しいという言葉は、誰からも一度も、聞かれませんでした。

とにかく、住み慣れた土地から離れてはいけないのです。

少なくとも、アンケートに回答して頂いた方々の意見では、住み慣れた土地には、自分自身の人生の記憶が染みついているのだとおっしゃいます。この慣れ親しんだ空気、風景、いつもの音、いつもの顔は、その人の人生そのものであると言っても良いかもしれません。アンケートの協力者だけの傾向なのかはわかりませんが、少なくとも、今回のアンケートでほぼ全員が、指摘された重要な要件でありました。ただ、これもアメリカ人では、まったく別だそうで、彼らは高齢になるとさっさと別の快適な土地に移り住んで、もっと人生を楽しむと言われています。国民性の違いなのかもしれません。

何でも話せて、親しかった友達がホームに入所してしまって、疎遠になり、寂しい。(女)

また、生活環境が大きく変わり、生活圏が異なってしまうと、以前の土地に住む昔からの友達と会ったり電話したりして話をしていても、徐々に話が合わなくなっていくことも考えられます。

中学時代や高校時代の友達とは、繋がり方が異なるのか、やはり以前住んでいた地域に根ざした付き合いであったのかもしれません。老後の生活にもっとも重要な友達をひとりでも維持することは大切なことだと考えますので、転居することで友達を何人も失うことは問題だと思います。

自由きままな生活はできない

高齢者用施設は、宿命的に集団生活となります。みんなが同時に同様のサービスを受けるからこそ、安価で、良質のサービスを受けることができるわけで、そのための一定のルールは受け入れなければ、施設自体の根本的なものが損なわれることになります。つまり、どうしてもある程度のルールがあるのです。

たとえば、食事の時間帯や大浴場の時間帯は、高級な施設になれば、当然緩いのですが、それでも営業時間があります。もちろん、すべて自室で済ますこともできるのですが、レストランなどは、月極予約制になっていることも多く、食べなくてもキャンセル料を払わなければならない仕組みになっています。

どんな施設でも、みんなで生活していくわけですから、最低限度のルールは、かならず存在します。高級な高齢者用マンションなどにも入居者の協同活動や作業があり、通常のマンションより複雑な業務までこなさなければならない場合もあると聞いています。しかし、それがなければ、集団生活は成り立たないわけで、逆にこれがあるから、効率良く、良好なサービスが提供されるわけです。いわば集団的ケアの本質とも言えるものだと思います。このようにしっかりとした管理があるから、これらのマンションや施設の価値が維持されるわけで、便利で良質なサービスをみんなで享受していくための、いわば唯一の問題とも言えるものだと考えます。

　ところが、これも、今回の調査から見ると、失格なのです。つまり、**自由で勝手気ままな生活が最大の満足すべき点**だからです。

ホームでは、食事を食べたくないと思っても、時間がくると食堂のテーブルについて、みんなと一緒のものを食べないといけないことになっている。（女）

　ひとり暮らしは、レストランサービスなんかなく、大浴場も完備せず、食事も掃除も洗濯も炊事もすべて自分でやらないといけないのに、満足度は高いのです。その理由は、明確です。自分が思っている通りの生活ができることが最大の利点だからです。この自由ということは、たとえば、体が衰えてきて、炊事をすることも、ままならぬことになってきても、ひとり暮らしの満足度を維持させる原動力となっていたのです。人間にとって自由とは、もっとも大切なことなのかもしれません。この自由という点においては、老人ホームや高齢者施設は、宿命的にルールで個人をしばるので、失格なのです。

多額の費用をかけてホームに入所しても、お金を浪費するだけになりかねません。元気なうちにホーム入所を考えている人には、今すぐ中止するように訴えたいと思います。

お金の管理が心配

ホームでは、認知症になったとき、金銭をなんにも管理してくれない。もし認知症になったらどうなるか不安だ。（女）

高齢者用の入居費用の高いところに入ったが、なにも金銭管理をしてくれないことがわかった。それでは、自分がもし認知症にかかってきたら困るので、退所しようと考えている。（男）

老人ホーム全般に言えることだと思われますが、ホームは一切の金銭管理をすることができないことになっています。そのため、もし金銭管理まですることを謳っている施設があるのなら、まったく別の弁護士等の第三者機関を入れて、その支援をしているのかもしれません。認知症になったときの金銭管理をどのようにするかは、なにもホームに入所していている場合に限らず、ひとり暮らしであっても、大きな問題だと思われます。このことについては、5章でくわしく述べたいと思います。

4章
ひとり暮らしを長く楽しめる7つの秘訣

この章では、１４２人の独居者から聞いた、独居の満足度を引き上げるポイントを７つ採り上げます。これらの秘訣をおさえることによって、ひとり暮らしは、より充実したものとなるはずです。

今は、いくつになられても皆さん、とてもお元気です。確かにひとつやふたつの病気を持ち、治療を受けている人も多くおられますが、そのような方でも、全体的にはまったくお元気であります。昔は、還暦として祝った60歳という節目も、「若者」のお祝い事となってしまったのです。今回のアンケート調査でも、男性では70歳ぐらいから、女性では80歳ぐらいから、やっと少し年齢を感じておられるのではないかと思われる方が出てくるくらいです。なかには、90歳でも、驚くほどお元気な方までおられます。ですから、以前では考えられないくらい長く健康的な人生が残っているわけで、これを楽しんで暮らさないのは、もったいないことです。しかしながら、人は、かならず、年齢とともに心身ともに衰えてきて、徐々に行動範囲が狭まったり、病気やけがで急に具合が悪くなることもあるでしょう。それらのことに対する対策も含めて、これらの秘訣をしっかりと心に秘めて、長くなった人生を十二分に楽しんで頂きたいと思います。

また、これらの秘訣は、ひとり暮らしの人から聞いた話をまとめたものですが、今現在、家族と同居しており、なんの心配もない人にとっても役立つことだと言えるものです。すべての高齢者に、ぜひ、参考にして頂き、みんなが今後とも幸せに暮らしてもらえることを願っています。

秘訣①　生活環境をできるだけ変化させない

年を重ねてから、やむを得ない事情で、一本の電車で行けるところに転居した。当初は、元気なので駅まで徒歩10分で行けたので、よく昔の土地を訪れていたが、年とともに、徐々に体の自由がきかなくなって、駅までなかなか行けなくなった。昔住んでいたところに戻れなくなり、寂しく思う。（女）

元気な頃は、駅から歩ける距離の戸建てに住んでいたが、体が弱ってきたので、思い切って駅前のマンションに移った。いつも慣れ親しんでいる駅前なので、なにもかも良く知っていて、庭のようなものだから、まったく違和感はない。便利になり、行動範囲も広がり、満足している。（女）

以前住んでいた所ではたくさん友達がいたが、60歳を過ぎて転居した。はじめは以前住んでいた所まで電車で行って友達と会っていたが、だんだん疎遠となってきた。その上、新たに友達をこちらでつくるのが面倒に感じるようになってきている。ひとりでいると余計なことばかり考えるようになってしまう。(女)

調子が悪くなっても、よその土地に移るのはごめんだ。慣れ親しんだ土地にいるのが一番だ。(男)

親しんだ生活圏から離れない

年をとってから、新しい土地に移り住むと、非常に寂しいという声を多く聞きます。それはたとえやさしい子供の近くに引っ越された方でも言われることです。慣れ親しんだ土地は、良いもので、目をつむっていても歩ける道は、5年や10年の歳月ではつくれません。何十年も通った道、いつもの街路樹、見慣れた顔、聞き慣れた音、すべてが自分自身の人生の一部であるかのごとくです。目を閉じても、それらの風景が眼に浮かび、そこには、若き自分自身がいて、人生のひとコマひとコマがそこに浮かび上がる。そんな長い歴史を刻んだ土地から離れるということは、まったく新しい人生を歩み出すことであり、まったく新しい歴史をつくらなければならなくなることを意味します。また、そこには何より、多くの友達や知り合いがいます。これが何よりの財産だと思います。

新たな歴史をつくる作業は最低でも、30年から40年の歳月が必要となるはずであり、60歳を過ぎて決断することは、余程のことがない限り避けるべきだと思います。また、たとえ新しい歴史をつくることができても、以前の歴史が消えてなくなるわけではありませんので、懐かしく思い出すこともあるでしょう。そんな時に、すぐにその場所に戻ることができなければ、寂しさを感じないわけにはいかないわけで、どのように考えても、住み慣れた土地、そこに住む人々から、あまりにも遠く離れることは、可能な限り避けて頂きたいと思います。

年をとってから、新しい環境に入ると、人間は、どうしても不安定になりやすいのでしょう。しかし、病気やけがだけは避けようもなく、必ずやってくるもので、その場合、入院期間を可能な限り短くし、もしリハビリテーションが必要になっても、できるだけ早期に住みなれた場所に戻れるよう努力して欲しいものです。病気を治すために入る病院やリハビリテーションのための施設に入るならばしかたがありませんが、退院後に介護施設に入り、集団生活をおくることは、狭い世界に身を置くことを固定化することにつながってしまいかねません。その世界が、自分にとって住み心地の良いものなら問題は起こりませんが、長く住むうちには、その世界の人々とうまくいかないこともあるでしょう。そのような事態になれば、全寮制の学校に入ったようなもので、最悪、非常に住み心地の悪い暮らしを強いられることがあるかもしれません。そこで、なんとしても機能回復に努め、早期に自宅にもどれるように努力して頂きたいのです。

住む場所を移動しないということは、生活の継続性も保たれるということです。慣れ親しんだ土地や人々は、何よりも自分にとって、いやしとなってくれる存在にもなります。もし足腰が弱り、たとえば駅に近いもっと便利な所に転居したいと思った場合も、できれば、長年住んでいた地域から離れないようにすることが大切でしょう。特に、長年親しんだ人々との交流が途絶えてしまうほど、生活圏を移動することは避けるべきです。

日本人が好きな童謡に、どんぐりころころという曲（青木存義作詞）があります。その歌詞の二番に

どんぐりころころ　よろこんで　／　しばらく一緒に　遊んだが
やっぱりお山が　恋しいと　／　泣いてはどじょうを　困らせた

とあります。

この曲が人気を博したということは、日本人の心を打つものがあったということであり、やはり長く暮らして親しんだ土地や人々は、日本人にとって特別の意味があるのではない

かと考えます。

エレベーターのないマンションの5階に住んでいるが、足腰が痛いので、毎日がつらい。しかし、そのお陰で足腰の筋力は保たれ、部屋の中では自由に動き回れていると思っている。（女）

年をとり、体が不自由になってきたので、思い切って駅前のマンションに移り住んだ。バリアフリーとなり、便利になっただけでなく、ここはもともと最寄りの駅だったので、自分にとって庭のようなもので、見慣れた景色の中で体は楽になった。しかし、その分、体力低下を防ぐため、日々運動するように心がけている。（女）

ここは寂しくなく、友達も多いので、ホームに入ったりすることは考えられない。お姑さんを見送った経験から言っても、娘との同居は考えられない。（女）

自宅を終《つい》の棲家《すみか》にできるようにしておく

住み慣れた環境にできるだけ住み続けることが、心の安定に寄与することがアンケートでわかりました。そのためには、今住んでいる自宅を再点検し、経済的理由から出て行かなければならなくなるような状況に追い込まれないようにしておく必要があります。しかし、何も同じ家に住む必要はなく、生活圏が同じで、友達と会うのも便利で、土地勘のある近くのもっと便利なところに移り住むことは問題ないと考えます。年齢とともに、どうしても身体能力は低下するので、最寄りの駅前に移り住むことは大賛成です。また、経済的な理由から、転居することができなくても、今住んでいる家にいろいろな悪条件、たとえば、階段を何階か昇らなければならない住宅だとか、少々駅から遠いなどの問題があっても、身体能力が低下してくれば、そのこと自体は、厳しい条件になりますが、一方で、気をつけて毎日階段を昇り降りすることや、少し遠い道のりを歩く、などの悪条件も、それらを克服しようと努力すれば、考えようで、最良のリハビリテーションと言えるものになるはずで、必ずしも絶対にだめだと決めつけることはありません。そのことが、自身の身体能力の低下速度を遅くさせ、一日でも長く自分の意思で自立して生活できる期間を長くさせる効果があると思えば、バリアフリーにするために、何もかもすべて住宅改修する必要性はないのではないかとさえ思うほどです。

要は、どのような状況でも良いから、今住んでいる環境に、ずっとおられるように準備しておくことこそ、重要であると思われます。

秘訣②

友達を維持する。信頼のおける人を持つ

子の近くに引っ越そうと考えたが、昔からの友達から遠ざかるので、やっぱり良くないと思いとどまった。昔からの知人や友は宝である。大切にしないと生活に寂しさが出てくる。新しい友達も大切だが、昔からの友は、本当にありがたい。(女)

いくらやさしい息子でも、世代が違えば話せることも限られる。やっぱり、昔の友達や遠くにいても妹は、同世代だし、何でも話せて気分が楽になる。(女)

やさしい家族に囲まれて過ごしているが、やはり自分の友達が一番である。何でも話せて、後に残らない。この友達がいなければ、私は生きていけない。(女)

何でも話ができた友に先立たれ、非常に寂しい。ことあるごとに思い出し、困っている。新たにあれほど親しい友をつくることはできない。(女)

いろいろなサークル活動に参加して友達は何人もいるが、先日、一番頼りにしていた姉が他界した。その日から、ずっと夜眠られなくなった。（女）

困難なときに頼れる人はいますか

アンケート調査の過程で、ひとり暮らしにとって、人付き合いには3段階あるのではないかと気づかされました。ひとつは、軽い関係の人たちです。サークル活動や近所付き合い、いろいろな場での出会いなどで知り合った人々です。心の支えにはなってくれませんが、どんなことでも話をかわすことで、自分の中の悩みを減らせる効果が期待できます。次は、非常時に支援してもらえる人々です。主には子や親戚の人々になると思います。普段、彼らは忙しいので、それほど話をしたり、連絡したりしない場合もありますが、それでもまったく問題なく、いざというときに力になってくれる大切な人々です。

そして、3つ目の人々こそ、独居生活に潤いを与えてくれて、まさに宝となってくれる人々です。このような人を持っている人は、心が安定されており、失ってしまった場合は、非常に大きな不安にさいなまれておられる様子がうかがえます。まさに、独居生活の鍵を握る人々とも言えると思います。では、どのような人が条件に適合するのでしょうか。

①自分が置かれている状況について、親身になって心配してくれる人

②どんなことでも話せて、自分を裏切ったりする心配のない人
③自分が考えている価値観を尊重してくれて、決して他の価値観を強制したり、説教したりしない人

アンケートを通じて感じた範囲では、このような人が、望まれているように思います。逆に言えば、これらの要件を満たしておれば、どのような人でも望まれる人物となり得ます。そして、夜などに、寂しいと感じるときに、なんとなく、その人につながっていると思うことができれば、理想的な精神的支援策となるのです。

信頼のおける人で、何でも話せる人がいることは、大きな心のよりどころとなります。話の内容が、物事に対する考え方や見方になることが多いので、やはり同世代が理想的です。悩んでいる問題が深刻で、そう簡単には解決策のない悩みの場合でも、言葉に出すだけでも、ストレス発散の助けになります。気分が晴れるという状況までは至らなくても、気分が楽になるのでしょう。

近隣のネットワークが頼りになるとおっしゃる人も多いですが、今の時代は、うっかり他人に自分の心の内を打ち明けることはできないため、疑心暗鬼に陥り、近所付き合いをやめられた方もいます。もちろん、すぐ近くに他言をしない信頼のおける人がいてくれる方が良いに決まっていますが、やはり、その人といくら話をしても、お互いの生活の場が

異なり、後にトラブルになりにくい人が理想的だと考えられます。ですから、生活圏を異にする人が良いかもしれません。

何でも話ができるといっても、話したことを、個人情報も含めて、誰かれなく話をしてしまい、後にトラブルの元になってしまってはだめです。そのため、いわゆる、ネット上で皆が集まり、シニアネットワークなどを形成して、お互いを励まし合うなどということは夢物語だと思った方がいいでしょう。自分に合わない人も入ってくることがあるかもしれず、また、別の目的で加入してくる人もいるかもしれません。そのような場合、いろいろなトラブルに巻き込まれる可能性があります。やはりしっかりした身元の人で、厳格に個人情報を守ってくれる人でないとだめです。高齢者が集うネットワークがあれば、いくらかの精神的な助けにはなるかもしれません。もし興味があって、参加される場合は、十分に注意しながら情報交換して頂きたいものです。

やはり信頼のおける人々との交流が理想的です。そのためには、生活圏が異なっている旧友や親類が良いのではないかと思います。たとえば、中学校や高校の友達で、今も連絡を取り合う、同じような境遇の人がいれば最高です。その人と、お互いに自分たちの話を喋り合い、お互いにただ話を聞くだけで後には残さないという約束で、いろいろな悩みや思いを、打ち明け合うことが良いのです。このようにして、思い切り思いの丈をぶちまけ合ったら、両者とも少しは気分がすっきりするはずで、ちょうど、お互いがお互いを、カウンセリングするようなものです。別に何も意見を言う必要はなく、ただ、相手の話をしっかりと聞き取ろうとするだけで、お互いのストレス発散の助けになるはずです。しかも、話はその場限りにして、聞いた人も内容を後に残さないようにすれば、後のトラブルの原因となることを防ぎ、ストレスをためずに済みます。このような会話は、お互いが直接会って話をするのが良いのですが、別に電話で話をしても問題ないと思われます。

子・孫世代は頼れない

子供がいる方なら、子世代や孫世代は助けになりますが、何でも話ができる相手にはなりにくいと思います。世代が異なるとどうしても物事に対する見方が異なります。そのため、会話が続きにくくなります。長時間話をしているとストレスがたまることすらありうるものと考えます。立場が違いすぎることにより、何でも話せる人になってもらうには、子世代や孫世代は若すぎるのでしょう。

情報網が発達していますので、いくら距離が離れていても、連絡をとることができますが、やはり月に数回は、直接会って話をすることが、精神衛生上好ましいと考えられます。しかし、たとえ直接話ができなくても、電話でも問題なく、遠くに住まれる親戚と月1、

2回の電話をすることが楽しみで、それにより非常に大きな精神的助けを受けている人もいます。電話で十分だと考えられるのです。

信頼できる友の数は少数でもまったく問題はありません。馬の合わない人と無理矢理付き合うこともないので、人それぞれ、可能な範囲で、友達を保てば良いでしょう。ただ、時の経過とともに、友達の置かれている状況も変わり、徐々に連絡が疎遠になっていくこともあるかもしれません。また、人にはそれぞれ寿命がありますので、友を一度に失わないように、複数の友達とのつながりを大切にしておくことも、心の安定に役立つかもしれません。よく年をとると同窓会が活発になるという話を聞きますが、それはもっとも目的にかなったことであり、ぜひ同窓会や以前の会社の仲間、さらには、お稽古ごとやサークル活動など、あらゆる機会を通じて知り合った仲間と、ネットワークづくりに励んで頂きたいものです。

信頼できる人たちと、いつも何らかの通信手段で、ゆるやかにつながっていると感じられることが、ひとり暮らしの安心につながるものと思われます。

秘訣③

毎日何かやることをつくる

毎日、外の空気を吸わないと気分が悪くなる。そのため、いろいろなことをやり、何かやらねばならないことをつくっては、外出している。（女）

毎朝、新聞をとりに一瞬だけ外に出る。たったそれだけでも、気分が変わるように思う。（男）

体内時計を更新する

仕事をしている時は、そのようなことを気にしなくても良かったと思いますが、何もすることがなくなると、生活のリズムが狂いがちになります。毎日何かやることをつくって、外出したりすることは、生活のリズムを整えるために非常に重要なことです。人間には、体内時計があります。この時計は、一日が24時間よりも少し長く設定されています。朝一定の時間に起きて、外の光を浴びると体内時計が更新されて、「さぁ、新しい一日だ」と脳が感じます。この一日のリセットをしてさえいれば、夜の就寝時間はあまり気にする必要がないとさえ言われています。

いつも一定の時間に、何かやろうとするだけで、朝、絶対に起きないといけなくなり、生活にリズムが生まれるわけです。規則正しい生活こそ、体調を整える第一歩です。どのような形でも外の空気を吸うことは役立つ可能性があります。たとえ、足腰が弱っても、できるだけ杖や自分を支える道具を使って、短時間でも良いから外の空気を吸う。たとえば、草花の顔を見るために一瞬外に出るとか、毎日、新聞を取りに外に出た時、ちょっとだけ散歩するとか、このような些細な日課をつくることだけでも、体調は維持されやすくなるという話を聞きます。

本が好きで、図書館に借りに行くが、一度に借りる本は、わざと1冊と決めている。そうすると、またすぐに返しに行かなければならなくなる。こうして図書館に行く機会を増やすようにしている。（男）

ささいなことから始める

目的は、何でも良いのです。たとえば押し花教室に通うと、前日に押し花にする花を準備する必要が出てきますので、出かけていく用事ができます。また、別に買う物がなくても、毎日スーパーに行って、毎日の食材の値段を見に出かけるだけで、日々の値段の動きやお店の担当者の苦労がわかっておもしろいと言う人もいます。このように、何もお金をかけなくても、自由な発想で、毎日外に出る用事をつくると同時に、自分にとっても役立つような情報を収集し、心身の活性化に役立つように活動することは、日々の暮らしの満足度を上げる効果が期待できます。

ひとり暮らしですから、男女にかかわらず、一日の仕事、つまり、炊事、洗濯、掃除など、最低限やるべきことは多いと思います。それらをこなしているだけでも、結構な仕事量になります。しかし、それだけでは、ただ生きているだけという思いが出てくるかもしれません。やはり、小さな畑をやるとか、自宅に買いためた本を端から読みまくるとか、いろいろな所へ出かけて行くとか、自分の身体能力に見合った適度な用事をつくり、それらに力を注ぐことは、人間にとって必須のことであると感じさせられます。また、できれば、それをすることにより、何かを完成させたり、眺めたりできるようになるもの、たとえば、花の世話をしながら生育記録を残すなど、形になるような作業をおこなうと、さらに充実感が得られるはずです。このように、毎日のリズムを整えながら暮らしている人の満足度は高いようです。

退職して数年、何もやることがなかったときは、体調が優れなかったが、アルバイトで仕事を手伝うようになったら、とても体調が良くなった。(男)

仕事は一度やめたが、同じ仕事で他人の手伝いをすることになった。今までと違って他人の仕事の手伝いは疲れるが、充実感が得られる。(男)

週に2、3日だけ、午前中だけ簡単な仕事を手伝うようになった。仲間と無駄話をしながらできるので、気分が変わり、生活に張りが出てきた。(女)

仕事と趣味

毎日の仕事に追いまくられている時には、到底、理解できないことなのですが、仕事は、たとえフルタイムでなく、短時間のアルバイトであっても、自由になる小遣いが増え、心身ともに健康になります。つまり、働くことはやはりつらい事も多いとされ、ストレスをどのように定義するかによって結果は変わりますが、働くことで溜まってくる疲労やストレスが、現役時代では非常にいやなものであったものが、退職してしまうと、必ずしも悪いものであるとは限らないことを意味するものと思われます。また、たとえ得られる収入はわずかでも、これは年金以外で得られるものです。経済的にも、少し余裕ができるということは、日常生活に潤いが出て、生きていく上で、大きな意義があります。このように、もし仕事をするという選択肢が出てきたならば、ぜひ試みて頂きたいと思います。

年をとり、眼が悪くなり、テレビを見たり本を読んだりできなくなってきた。また、耳も遠いので、ラジオも長時間聞きづらい。しかし、5、6年前から、シャコバサボテンを育てている。年に1回土を替えるだけで、水やり不要で世話が少ないのが良い。サボテンを眺めているると気分が良い。緑のものを見ると心が休まる。（男）

身体能力には大きな個人差がありますが、やはり年齢を重ねると、誰しも体のいろいろなところに支障が出てきて、自由に動き回ることができにくくなってきます。この方は、目も耳も不自由になってきましたが、それで落ち込むどころか、臨機応変に、身体能力が落ちてきている自分でも世話ができる小さなサボテンを育てることで、心を和ませておられます。シャコバサボテンは、手間はあまりかかりませんが、花を咲かせることがむずかしいサボテンです。毎年、生育記録を残しながら、果敢に挑戦していると言われますが、なかなかうまくいかないと、楽しそうに話されます。限られた身体能力の中でうまく満足度を上げる試みとして注目されます。

年齢を重ねてもできる趣味を持つことは最良の選択肢です。とにかく、老後は、心身ともに能力が低下してきますので、制約がかかった中でも、自分が少しでも満足しながら生きていけるような趣味を、自分の生活に取り入れておくことは理にかなっています。

たとえば料理。料理は趣味というより生活の基本になるものですが、これでいて、非常におもしろいものだと思います。年齢を重ねると食事にも制約がかかってきます。たとえば、高血圧のための食事療法、腎臓を保護するためのカリウム制限食、糖尿病のための食事療法、などいろいろありますが、時には、同時にいくつかの対策をしなければならないこともあると思われます。その中で、自分の好みにできるだけ合ったおいしい食事をとりながら、自分自身の病気に対応したものをつくるとなると、かなりむずかしい課題となります。この課題を克服することを趣味と呼ぶことは無理がありますが、十分に残りの人生をかけて取り組む仕事のようなものと考えることができるかもしれません。まさに趣味と実益を兼ねた、光を放つ生命維持活動になるはずです。

仕事をしていた頃でも、休みの日には、自分で好きな物を料理して食べていた。ひとりになってしまった時に、そのお陰で、別に困らなかった。食べることは体にとって大切なこ

とだと思う。（男）

食事は生きるための基本動作ですので、これをおろそかにしては、最期までできるだけ長く、自分の意思で暮らすという大目標を見失うことになります。この課題も簡単に克服できないから、おもしろいわけで、これを試行錯誤しながら、自分のために自分の力で料理するということは大変意義のあることではないかと考えます。

多くの方々の意見を聞いて感じることは、大切なことは、いかに残された能力の中で、自分の人生を楽しむようにするかという一点につきると思います。何かやりたいことがあって、それに集中できる人は幸せですが、多くはそのように熱中できるようなものを見つけられなくて、ただテレビを見て、受動的な情報を脳に送り込みながら、過ごされているのが実状です。それも、もちろん生きていることには違いありませんが、できれば、もう少し積極的に、何か自分でできそうなことに集中でき、なおかつ、そのことを通じて、日々、気分も変えることができるものを見つけておいて頂きたいと感じます。

健康で長寿となった今では、60歳代のみなさんは、かなりの長さの自由時間が与えられたと考えても良いはずです。ですから、今からもう一度、自分がやってきた分野とまったく違った領域の勉強をし始めるのはどうでしょうか。このようにまったく新しいことに取り組むこともできるくらい余生は長くなったのです。どうせこの世では、1回だけの人生です。60歳から始めたことは、長続きするという話も聞きます。いま一度、何かをやり始めて、積極的に生きて頂ければと思います。

秘訣④ できるだけ自分で何でもする

痛みで手足が動けなくなる難病にかかっている。痛みで指1本のような小さな範囲しか動かせない日もあるくらいである。そんな時でも、痛みをがまんして指だけでなく、できるだけ体を動かしていかないと動けなくなり、自分の意志で何もできなくなってしまうので、なんとか動こうとしている。(女)

術後、痛みがあって動きにくいが、独居で誰もいないため、なにをするのも、自分でやらなければならない。苦しいが、痛みを我慢して、何が何でも動いているが、なかなか良くなってこない。一体、いつまでこのような状況なのだろうかと思うと落ち込む。(女)

私の場合は、たった1日の入院で落ちる体力を回復させるのに、1年かかってしまう。だから、できるだけ入院はしないようにしている。（男）

足腰が弱ってきてどうしてもふらつきやすい。狭い家なので、トイレまでは3mのところで寝ている。夜も両端は70cm程度の支えるものがあるので、転倒しようにも転倒できないようにしてトイレに行っている。安全だ。（男）

能力は使わなければすぐ衰える

人間は、非常に合理的にできていて、使わなければ、すぐにその機能を衰えさせ、身を軽くさせる働きを持っています。それも、年齢を重ねると、もともとの余力があまりないので、少し使わぬ間に、あっという間に能力が低下してしまい、その回復にも時間がかかります。それを防ぐためにも、できるだけ体を使い、自分で何でもやろうとすることは良いことです。また、体だけでなく、頭も使うようにすることは、認知症予防にも役立つだけでなく、新しいことに興味を持ったり、いくつになっても好奇心をなくさないということにつながり、日々、新しい発見や驚きがある楽しい人生をおくるための重要な能力を保持することになります。

また、体もできるだけ、いろいろな筋肉を使うようにしておれば、気分も晴れ、心身ともにリフレッシュする効果も期待できます。いろいろな筋肉を使っていると、体の柔軟性が増し、転倒予防につながるのです。転倒予防医学研究会によりますと、家庭内の段差を少なくする改築も大切ですが、それ以上に体操をする方が、転倒予防効果があるとしています。また、運動することで骨が強くなり、たとえ転倒しても骨折しにくくなることも指摘されています。

しかし、ひとり暮らしで、もし大病や大けがをしてしまえば、ひとりで何とかしなければならなくなり、大きな困難にぶつかってしまいます。独居の場合、やさしい家族の手助けはないのです。ところが、今回のアンケート調査に協力して頂いた方々の範囲では、家族と同居されている方も、実際は、常時、付き添ってもらうことがむずかしくなっています。つまり、同居している家族も仕事などで昼間留守となることが多く、家の中で、長い時間ひとりで過ごさねばならない状況は、ひとり暮らしの人とあまり変わりません。それでも同居では、夜には家族が帰ってくるので、安心と言えるかもしれません。しかし、よく考えてみますと、もし何か急に具合が悪くなれば、家族が帰ってくるのを待たずに、救急車を呼ぶでしょう。また、救急車を呼ぶほどではない時は、緊急連絡網さえしっかりとつくっておけば、連絡をしてしばらく待てば良いわけで、自らが感じる安心感も同居の人とそれほど大きな差はないのではないかと考えられます。

トレーニングを続ける

体力が落ちてきても、アンケート調査に協力して頂いたひとり暮らしの方々は、非常に前向きに、病院だけでなく自宅でもリハビリテーションに励んでおられました。いや、そうせざるを得ない状況なのだから、やむなくやっておられるのですが、どのような身体状況でも、できるだけ、可能な範囲で、日々運動し、心身の能力維持に努め、筋力が低下しないように、たとえ痛いところがあっても、それを庇いながら、筋力トレーニングを続けておられます。ひとり暮らしをしていれば、気ままな生活を送ることが保障されているとはいえ、決して楽ではありません。やはりやるべきことを毎日やっていかなければ、すぐに自分自身に跳ね返って来てしまうという状況を身近に感じておられるのでしょう。

しかし、その厳しいリハビリテーションが、結局は、その人の意思をできるだけ長く自らの力で、実行できる環境を維持することにつながっています。自分の意思で、できるだけ長く過ごそうと考えるなら、自分で動くしかないのです。身体が不自由な人を介助する場合、あまり力を貸すと、その人の能力を低下させかねません。つまり、同居家族がいる場合でも、見守るという動作が中心となるわけで、結局は、自分で動くしかないという状況は、同居でもひとり暮らしと大きくは変わらないと言えます。

大きな病気やけがで治療を受けた後、退院し、できるだけ早くひとり暮らしを再開した場合、本人だけでリハビリテーションを自宅で続けなければなりません。そうすると転倒の危険性があります。そのため、自宅の改築やいろいろな器具を使って、なんとか安全にやるしかありませんが、もし、仮に、同居家族がおられて、ずっと一緒に見守ってもらえる状況であっても、今度は、介助してくれる人に気を遣うかもしれず、自分のペースでゆっくりとリハビリテーションをやることができるひとり暮らしの方が、気持ちは楽かもしれません。とにかく、危険はありますが、自分の力でなんとか動こうとすることが、結果として、その人の身体能力の維持に役立つわけです。

自分でやる健康法

いくら自由に振る舞えるひとり暮らしが良いからといって、あまりに、医学的にかけ離れた健康法をとっていると、せっかく長くなった健康寿命が短くなってしまいかねません。また、それだけではなく、年齢がいけば、いくつかの病気や体の不自由をかかえることは、自然の流れとも言えます。そんなとき、日常生活をどのように気をつけて過ごせば良いのかわからないときも出てくるかもしれません。

独居生活では、何もかもひとりで判断してやらなければなりませんので、どの程度、健康に留意しながら生活するか、ある程度の自分なりの答えを見つけ出しておくことも、悩みを減らすひとつの方法です。医学的にきっちりとした健康生活を目指せば、健康寿命は長くなることが期待されるのですが、日常生活上の制約が増え、暮らし自体が窮屈になってしまいます。そうなると、どうしても我慢することが多くなってしまい、不満がつのります。あるとき、それが爆発して、一気に今までとってきた健康法を台無しにしてしまうこともあるかもしれません。また、それが余計な悩みやストレスになってしまうこともあるでしょう。しかし、そうは言っても、独居生活者にとって、寝たきりになることは、最も避けたい状況です。そのためには、自分がとる健康法を、医学的な常識から、あまり大きくはかけ離れないように、日頃の生活ぶりに自然な形で取り込んでいなければならないと考えます。

要するに、その人が考える気楽な生活の中に、どの程度、健康的な生活要素を取り入れるかを決定しておかなければ、次から次へと出てくる健康法に惑わされ、一体何をどうしていたのかわからないような状況になってしまいかねません。とはいえ、どんなにきっちりと医学的に正しい健康法を守っても、寝たきりになるときはなります。それでも、寝たきりにならないように、できるだけ健康法を維持する。必要なら、治療も受ける。そのあたりの努力が、やはり、寝たきりになる可能性を、少しでも減少させ、可能な限り自力で暮らすことができる期間を長くすることができると信じます。

では、具体的には、どのようなことに注意しながら暮らせば良いのでしょうか。動く、食べる、飲む、眠る、話す、という5つの基本動作に、さまざまな思いや暮らしの工夫が加わり、自分なりの暮らし方を形づくることになります。

動く

徐々に体がふらつくようになり、転倒するのではないかという危険を感じるようになったら、ヒッププロテクター（転倒しても骨折しにくくする保護具）という装具を装着していると、たとえ転倒しても、骨折を免れやすくなるとされています。ただ、ヒッププロテクターを使うとかえって行動が制限され、使い続けることがむずかしいという声も聞きます。転倒・骨折を防ぐためには、また、違った工夫が大切なのかもしれませんが、このような方法があるという知識を持っておくことは必要だと思います。さらに、転倒しても骨折しないように普段から、骨を丈夫にする運動をすることや食事を工夫することによって、骨がもろくなる骨粗鬆症《こつそしょうしょう》という病気にならないように努力します。また、定期的に骨がもろくなっていないか、かかりつけ医を受診して、診断を受け、必要ならば適切な治療を受けることも大切です。

食べる

できれば、自炊して、3食きっちり食べるようにします。料理をつくるという行為は、とても頭を使うことなので、認知症を予防する効果もあるといわれています。また、料理は一度にたくさんつくらなければ、味がのらないといわれます。ところが、たくさんつくると、ひとり暮らしなので、食べきれずに困ることになります。そこで密閉容器や保冷用ビニール袋を使って、保存し、毎日同じものを食べずに済むような工夫をしている人もいます。

あまり外出されない方は、ロコモティブシンドロームという状態に陥りやすいといわれています。つまり、体を動かさないため、お腹がすきにくい、お腹がすかないから、あまり食べない、食べないため、体に栄養が行き渡らず、体がだるくなりやすいということです。そして、そのために再び体を動かさなくなるという悪循環に陥る場合があるのです。そんな時、体を動かすようなことをやって、何とか食欲が出るようにする工夫も必要となります。また、いくら栄養価の高いものは体に悪いからといって、あまりにも避けてしまうと、それも体に悪いと言えます。1日あたりのタンパク質にして、最低でも50から60グラムくらいは必要だとされています。どうしても食欲がわかないときは、カステラやアイスクリームを冷蔵庫に入れておいて、食べられそうな時に、一口でも食べるようにしている人もいます。

飲む

水を飲む目安は、「飲みたいときに、飲みたいだけ、飲む」というのが基本だといわれています。しかし、年を重ねると渇きを感じにくくなりますので、自分ではのどが渇いていないと思っても、水を飲む習慣をつけて欲しいものです。「のどが渇いたと思うときにはもう遅い」ということは、正しいです。特に夏季の、高温、多湿、無風な環境では、たとえ屋内でも、汗の蒸発による体温調整が効きにくいため、「かくれ脱水」から「熱中症」へと移行することがあります。

真夏でなくても、常日頃から十分に気をつけて水分をとって頂きます。また、水分をとる場合、一度に水分をとると、トイレに行くだけになりかねませんので、こまめに少しずつ飲むように工夫したりして欲しいと思います。腎臓の病気などで、水分摂取が制限されている場合を除き、一日に飲む水分量は、食事以外で、1・5リットルから2リットルくらいは必要です。1リットルのペットボトルを再利用しながら飲むと、水分量を管理しやすくなります。

眠る

通常、高齢の方は、眠りにつくのに時間がかかり、眠りも浅くなると言われ、それほど長く睡眠をとる必要がなくなってくるとされています。ですから、夜間の睡眠がうまくとれていないと思っていても、昼間、30分ほどのうたた寝で済むくらいの眠気しか生じないのなら、十分睡眠をとっていると考えて良いとされています。

また、夜眠れなくても、別に明日仕事があるわけではないので、次の日に眠れば良いと考えて、夜中ずっとテレビを見ながら起きている人もいます。そうすると、翌日は眠ることができると言われ、まったく元気に過ごされています。夜と昼が逆転するような状況に陥るのは困りますが、ひとり暮らしですので、ある程度、ゆるやかに毎日の生活リズムを整えるようにしておられるだけで、問題はまったくないと考えます。

話す

テレビを見たり、新聞や本を黙読するだけでは、脳の機能を十分に働かすことはできません。脳を働かすには、音読することが大切だと言われています。ヨーロッパでは中世の時代まで、読書をするということは、音読するということを意味していました。昔の人は、声を出して、頭を集中させて本を読んでいたのかもしれません。また、人と話をすることは、ストレスを解消する効果も期待できます。他の人に、自分の悩みやストレスに感じていることを話す間に、徐々に自分自身の気持ちがやわらぎ、ストレスが軽減されていくとされます。

また、年齢を重ねていくと、音はわかりますが、相手が何を話しているのかわかりにくいという話をよく聞きます。これは、音を感じる脳の部分と言葉を理解する脳の部分が異なるためですが、これらの脳を鍛えるためにも、言葉を口に出して発音することは、大切なことだといわれています。アンケート調査でも、新聞を毎日1時間声に出して読んでいたら、今まで聞き取れなかった人の話が聞き取れるようになったと言われる人もいます。ですから、話す相手が、見つからない日などは、新聞を音読するだけでも良く、毎日、言葉を発するように工夫して頂きたいと思います。

このように、ある程度、医学的な見地からも理にかなったように、自分の生活を楽しむようにすることは意味のあることだと考えます。しかし、人それぞれ置かれている立場や状況が異なります。１００人のひとり暮らしの方がおられたら、１００通りの正解があるわけです。しかし、だからといって、他人のやっていることには耳を貸さず、やみくもに自分の思いのままに、ひとり暮らしをしていくと、思わぬ落とし穴にはまることもあるかもしれません。

そこで、大阪府にある門真市医師会は、ひとり暮らしをされている人々の健康情報を、相互に交換し合う活動を、２０１０年より約10年間の予定で手伝い始めました。

門真市医師会のお元気ですかコール活動

大阪府にある門真市医師会は、電話という媒体を使って、主に独居高齢者に健康情報に特化した情報交換活動の支援をおこなっています。これは、当事者の視線で、健康維持のためのヒント集を収集し、それを医師の目を通して監修し、ふたたび利用者に返すという活動です。これにより、その人々の考え方を反映した健康ヒント集ができるものと期待されます。特に、年齢を重ねると、病気もひとつではなく、複数の病気の療養を普段おこなわなければならなくなってくるような複雑な状況になってきます。そんなときでも、可能な限りぶつからないように対処するには、全体を見渡すことができるように工夫した情報冊子が必要なのではないかと考え、『元気で長生き！知恵袋』として発行しております。

　個々の医療機関では、当該疾患については詳しく日常生活における注意を受けたり、教えてもらったりできますが、複数の疾患に対する対処は非常にむずかしく、さまざまな注意を同時に見渡す情報誌が必要だと思われます。また、多忙な医療機関では、いくら親切に教えてもらっても、慌ただしい外来では、十分にその人に必要な知識がうまく伝わり理解されるとは限りません。そのため、肝心なことを友人などの口コミ情報に頼り、とんでもない結果になってしまうなどといったことを避ける必要があると思います。そのように、情報過疎によって、独居高齢者が困らないように、お互いの健康情報を持ち寄り、さらに医師の目を通して編集しなおしたものを使い、情報交換の手伝いをすれば、ひとり暮らしをされている高齢者のみなさんを、少しでも支援することにつながるのではないかと思っています。

　今までに作成された『元気で長生き！　知恵袋』をご希望の方は、門真市医師会〒571-0064　大阪府門真市御堂町14-1　門真市保健福祉センター内 門真市医師会まで、お問い合わせください。有料になりますが、郵送させていただきます。また、門真市医師会ホームページ（http://www.kadoma.osaka.med.or.jp/）では、無料でダウンロードできるようになっていますので、興味のある方は、ぜひ一度ご覧ください。

姉が独居で、認知症になった。3年間にわたり、徐々に悪化し、やっとホームに入所させた。とても疲れた。（女）

70歳代まで祖父は元気で、本を読んだり文字を書いたりした人であったが、眼をわずらってから、何もできなくなり、認知症になってしまった。（女）

認知症予防は必要か

人間は100歳くらいになると、どのような人でもいくらかは認知症のようになってくるという意見があります。医学の進歩や公衆衛生の改善とともに、かなり長い人生を楽しむことができるようになってきましたが、やはりある程度の上限はあるのかもしれません。しかし、たとえ上限があるとしても、せっかく長くなったこの世での時間を少しでも楽しむために、自分自身の認知機能をできるだけ維持しようと努力することは必要です。

認知症は、かなり進行した人でも、自分の生命を維持してくれる人のことは、よく覚えておられます。お腹が空いたとき、誰がその空腹を満たしてくれるかを正確に記憶されているのです。また、外に通じるドアのキーロック番号を、施設の人が解除しているのを横から見て記憶して、後ほどひとりでドアを開けて外に出られた認知症の人もいたと聞きます。それから、金銭にかかわることも完璧に理解し、記憶されている認知症の人もいたと聞きます。やはり、自らの生命を維持するために必要な機能は、最後まで維持されやすいと言えるのかもしれません。

認知症になっていても、話しかけるとちゃんと返事されるのですが、記憶には残りません。そのため、あぶないことをしないようにお願いしても、すぐに注意事項を忘れて、危険なことをやってしまわれます。その結果、肺炎になられたり、転倒・骨折から寝たきりになられる例が多くあります。つまり、認知症は介護が必要となる代表的な疾患のひとつなのです。認知症になると、他の家族や周囲の人々にとって、大きな負担となり、疲弊する結果となります。

同居されている場合、介護する側の負担を少しでも軽減するために、デイサービスを利用して、昼間だけでも家族の負担を軽減する工夫をすることが大切です。そうすることにより、介護する側の家族も、少し精神的な余裕ができ、さらに、認知症になっている人も、徐々にデイサービスの人とも仲良くなり、場合によっては、同じ施設に入所することに抵抗を示されなくなることもあり得ます。もしこのようになれば、両者に過重な負担がかからないままに、認知症の終末期を見守ることができるのではないでしょうか。

では、逆に、最後まで意識清明であった場合はどうなのでしょうか。同居している意識清明な母親を、自宅介護している息子夫婦のお話ですが、母親の身体能力が低下して自らではまったく動けなくなっても、意識ははっきりされていたため、最後まで施設に入ることを嫌がられました。それでも、最後は、なんとか理解してくれて施設に移ってくれたものの、施設に入れた息子夫婦は、とてもつらい思いをされたようです。このように、最後まで自宅で過ごしたいと願う意識清明な方には、必ず、自宅にもどすからと約束して、デイサービスやショートステイを繰り返してもらうのもひとつの方法と思われます。本人は、意識清明ですので、自宅で最期を迎えるようにするための方法と説明すれば、協力してもらえるはずです。そうすれば、介護する側の負担も少しは軽減され、なんとか自宅で見送ることができるかもしれないのです。

このように意識がはっきりしているということは、ご本人にとっても、ご家族にとっても、かならずしも良いとは限りません。どうせ死ぬのなら、誰しも意識が徐々に薄れ、眠るように逝きたいと考えるでしょう。内容はまったく異なりますが、認知症にかかることは、死の恐怖を薄れさせる働きがありそうで、当人にとっては、ある意味においては、幸せなことかもしれません。

しかし、ひとり暮らしの場合は、誰も助けてはくれません。そのため、何としても認知症になることを遅らせなければなりません。

たとえば、年を重ねると眼や耳から入ってくる情報が減って、脳が休み始めると、急速に認知症が進んでくる場合があります。独居生活で、他からの働きかけも少なく、刺激のない生活にいると、どうしても使わなければ衰退させるという人間の原理に従って、脳機能が低下することを避けることはできません。認知症予防には、魚を中心に食べて、緑茶や赤ワインを飲み、人と話をしたり、運動したりして、他との関わりが重要であり、身も心も使い続けることが大切なのです。

ということは、他人を頼らずに何でも自分でやり、自分に残されているいろいろな能力を、日々使い切りながら自らが満足する人生をおくろうとすることと、多くの共通点があることに気づきます。つまり、認知症予防と、満足する老後を過ごすための努力とは、方向性が同じなのです。何も、認知症を予防しようと肩に力をいれてがんばる必要はなく、ごく自然に、人生を楽しもうとすれば、それがとりもなおさず、認知症予防につながるものと考えます。

秘訣⑤ ひとり暮らしの寂しさを少しでも減らす

健康のために畑をやっているが、孫にできた野菜をあげるととても喜ぶ。その姿を見るのを励みに、また畑をやろうと思う。（男）

ひ孫を保育園に送り迎えしてあげている。また、毎週、布団を洗濯して持っていってあげている。孫家族に喜ばれている。（女）

ひとりで暮らしていると、無性に寂しくなるときがある。その寂しさは表現できないくらい強いもので、居ても立ってもおられないほどである。昼なら外出することによって、少しは気を紛らわすことができるが、夜が困る。ラジオを聴いたり、テレビを見たりするが、なかなか眠られず、落ち込んでしまう。（女）

孫の相手は疲れるが楽しい

孫やひ孫の世話は大変だという話をよく聞きます。腰や足の痛みなどがあり、抱き上げることができなくなってきていることが多く、思うように世話をしてあげられないという気持ちがあるのでしょう。また、孫の世話をして、とても疲れたという声も聞きます。しかし、それでも、みなさんの声は明るく弾んでいるように聞こえます。確かに、若い世代の生活リズムや食べるものは、高齢期の人とは、大きく異なります。それに合わせようと無理をされて体調を崩し、診療所に来院される方も多くいらっしゃいますが、全体的にはそのことをストレスとは感じておられない様子がうかがえます。

私は仕事なので、平日の夕方は、毎日、幼稚園から帰ってきた子供をおばあちゃん宅にあずかってもらっている。そうしないと、仕事ができない。（女）

子世代や孫世代は、高齢者側からの支援がなければ、生活ができなくなってきています。子世代にとっては、大変ありがたい支援なのです。今の時代においても、人と人との繋がりが保たれている部分も残されている思いがしますが、ただ気になる点は、子世代や孫世代にどれほどの意味で、感謝されているのかが不明であるということです。しかし、たとえ、子や孫からどのように思われていようとも、お構いなしで、援助すること自体が、その人にとってやりがいであれば、それだけでも、大きな意義があります。もし孫がおられるならば、自らが過度に疲れない範囲で、支援してあげることは、支援する側の人にとっては、毎日何かやることをつくるということで満足し、子や孫には、もしかして喜ばれるかもしれないというふたつの意味で、役立つことかもしれません。

保育園や学童保育の手伝いをやっている。子供の相手をすることはむずかしいこともあるが、楽しいときもあるので、続けている。（男）

自転車で10分ほどの保育園に、掃除や子供の世話で行っている。かわいいし、元気をもらってくる。（女）

他人の子供の世話

子供たちと遊んでいると、いろいろな出来事に出くわすので、寂しいと思っている暇はないと言われます。やはり、血のつながった子供たちではないためか、いやな思いもするときがあるそうですが、おおむね、子供たちに接することを楽しみにされている様子がうかがえます。

また、これらは仕事ですので、仕事を継続的におこなうために、自分の体調を整え、常に一定の生活リズムを維持する努力をし続けなければなりません。そうすると、ごく自然に体調が良くなるという利点もありそうです。

ペット

ペットは確かに、良きパートナーとなってくれます。確かに人間の言葉を発することはありませんが、ペットに話しかけるとなんとなく理解してくれているように感じることができます。人間の言葉は発しませんから、ペットは決して、説教しませんし、他の人に告げ口することもありません。また、飼い主を裏切ることもないです。つまり、理想的な話相手となるのです。

ただ、最大の問題は、人間とペットでは、寿命が異なることです。一般にペットの方が短いわけですが、もしペットの方が長い場合は、今度は、飼い主がいなくなったときが問題となるわけで、むしろ短い方がまだましとも言えるかもしれません。ただ、それでも自分が年をとってくるとペットの方が後に残される可能性が高くなってきます。そんなときは、ペットも同時に処分されてしまう運命になってしまいますが、ペットもご主人がいなくなって抜け殻のように生きていくよりその方がまだましなのかもしれません。しかし、ペットの気持ちを知ることはできませんから、わかりません。そこで、自分が養育の全責任を負うのではなく、友達の犬や猫を世話して、うまく気持ちを和らげている人もおられます。また、ご近所で数匹の猫をみんなで世話している人もおられます。これもひとつの方法かもしれません。

夜寂しく思うときは、外出することもできないので、好きなジャズのCDやカセットを聴いている。(女)

音は心を癒やしてくれる

テレビを見ていると一方通行のように感じて、かえって疎外感を受けるそうですが、ラジオは違うといわれます。そのためか、夜中に起きても、テレビよりラジオを聞くという人の方が多くおられました。明るい光を発するテレビより、部屋が暗いままでも聞けるラジオの方が、再び寝やすいためかもしれませんが、もしかしたら、ラジオの方が、より身近に感じることができるためかもしれません。

また、夜、寂しいと感じるときなどは、CD、DVD、カセットなど、音楽を聴くとおっしゃる方もいます。音楽の分野は、その人が興味を持つものなら何でも良く、ジャズ、クラシック、歌謡曲など、さまざまな声がありました。特に、好きな歌手のCDなどは、何度聞いても良く、懐かしい想いがして、気分も良くなるとおっしゃいます。

秘訣⑥ 緊急時の対応策を決めておく

緊急時に連絡するために、ひもをひっぱったら、子らへ連絡がいく携帯を持たされている。（女）

緊急用のコールをもらっているが、まず知り合いのふたりに連絡がいき、その上で、コールがかかるもので、夜間などはその知り合いに気を遣って使えない。その上、外には持って出ることができないことになっているので、あまり意味はない。（女）

ひとりで暮らしているので、急に具合が悪くなったとき、自分ひとりで救急車を呼んだ。自分が追い込まれたときはどうするか、いつも考えている。他人に期待しても、期待はず

れが多いので、期待しない。（男）

ひとり暮らしだが、子には、私にもしものことがあっても、本望であったと思うように伝えてある。（女）

もう開き直っているので、いまさら、緊急通報システムなどはいらない。（男）

緊急時の通報システム

ひとり暮らしの緊急時には、２種類あると思います。

ひとつは、急に具合が悪くなっても、意識があり、自分の力で何らかの行動を起こすことができる状況です。この場合は、本人は携帯電話をかけたり、緊急用に設置したボタンを押すことができます。ちょうど、徐々に体調が悪くなり、いつもかかっている医療機関を自らで受診して、治療を受けることに似ています。しかし、この場合は、緊急時ですので、受診できる医療機関が限られるということが問題かもしれません。

具体的な状況として、まず頭に浮かぶことは、転倒・骨折や心臓や脳の疾患の発症です。最近では、医学が発達し、非常に早期に対応すれば、まったく身体的能力の低下を招かずに回復するチャンスがあります。うまくいけば、他人に頼らず、自らの意思で満足しながら過ごせる日々を、もう少し長くすることができるのです。その成否の鍵を握るものは、時間です。もう年をとっているからあきらめようとか、いろいろな病気があるから、もはやこれまでと覚悟をしていたとしても、一度は病院を受診して、治療を受けてみなければ、結果は誰にもわからないのです。そのような時に、すぐに異変を伝えることができるようになっていると、少しでも不安感を減らすことができるはずです。つまり、このコールは、自らのひとり暮らしを今後も続けていくために押すものであり、自分が生き残るためのコールと言えます。

また、忘れてはいけないものに、防犯をはじめとするセキュリティに関する対策システムです。緊急コール的なものを、常時使える状態で準備しておけば、振り込め詐欺など、急に相談ごとができた場合でも、直接確かめることができるので、未然に防ぐことができるかもしれません。要は、緊急連絡といっても、24時間いつでも気軽に使える雰囲気をつくっておく必要があります。また、夜間など防犯性を高める機器を備えることは、高齢者に安心感を与えるものと考えます。

もうひとつの場合は、急に意識を失うか、自分では連絡がとれない状況におちいってしまうときです。この場合は、もはやこのまま逝ってしまうことも覚悟せねばなりません。

このような場合、たとえ、同居していても、そのとき、家族が傍におられるとは限りません。夜、家族が帰宅されて、はじめて発見されるわけで、時間的には数時間はそのままの状態で経過するという状況も考えられます。ましてや、ひとり暮らしでは、もっと時間がかかることを覚悟しておかなければなりません。つまり、この場合は、元の状態にまで回復することは、奇跡でも起きない限り望めないわけです。しかし、このような場合、周囲や残された家族にとっては迷惑な話かもしれませんが、ご本人にとっては、むしろ楽な逝き方かもしれないのです。病気やけがの程度はさまざまでしょうが、このように急激な変化をきたす状況は、かなり厳しいものと考えられます。もし、短時間で亡くなることができれば、発見されてさらに厳しい状況に追い込まれるよりは、本人にとっては、ましだとも考えられます。要は、子や親戚や周囲の人に、もし万一何かあってそのまま亡くなってしまっても、自らの本望であったと思うように、しっかり普段から伝えておくこともひとつの対策となります。

つまり、ひとり暮らしでは、いつどうなろうと、しっかりと関係者に、普段から自分自身の心づもりを伝えておけば、自他ともに何も慌てる必要もなく、極端なことを言えば、緊急時の連絡網も構築する必要もありません。このようにすれば、日常の生活において、気持ちに余裕ができて、気分良く過ごせるようになります。何も費用をかけて最高の設備を準備する必要はないのです。

避けたいのは放置される孤立死

見守りシステムは、高齢者を気遣う周囲の人のためのシステムです。理想的には、高齢者自身のための緊急通報システムと見守りシステムが、うまく融合して、利用できるようなシステムになっていれば良いのですが、急に意識がなくなったときの対応をどうするか、誤動作はしないようにできるのか、もし誤動作する可能性があるのなら、それをどのように防ぐか、などいくつもの課題があり、そう簡単な話ではなさそうです。たとえば、何度も誤動作するようなシステムでは、使い勝手が悪いだけでなく、周囲の迷惑となってしまいます。そのため、人間のオペレーターにまずつながってから、作動する仕組みにすると、やはりそれなりに毎月かかる費用が高くなる傾向があります。そのためか、高齢者見守りシステムは、世の中にいろいろなサービスが出てきていますが、アンケートをとっていても、全体から見ると、あまり普及していないような気がします。

先日、同じ団地で、1カ月以上放置された孤立死があった。それ以来、自分もできるだけ家の中にいないで、外に出るようにしている。（男）

飛ぶ鳥、跡を濁さずという言葉通り、やはり残る人々のために、最期のときまで美しく逝きたい。誰もがおそらく抱く思いでしょう。もしひとり暮らしの人が、自宅で外部に何の連絡もできずに逝かれた場合、このように周囲の人々への影響は計り知れません。このために、自動見守りシステムを受け入れることは、まさしく周囲の人々や残される人々のために、本人ができる思いやりそのものであると言えます。

そっと見守るシステム

最近では、いろいろ監視されているという感覚が起きにくいサービスも出てきてはいますが、やはり本質は変わらないような気がします。アンケートを通じて感じることは、やはり監視されているというのではなく、真に見守っているというものでなければなりません。多くの苦難を乗り越えてきた人々は、非常に他人の世話になることを遠慮されます。介護保険ですら、使われずに過ごされている方も多くおられます。他からの支援を断るということは、表面的には、自立心が強いということかもしれませんが、いままでに、他人を頼って、ひどい目にあったことを多く経験し、自分はひとりでやるしかないという気持ちが働いているのかもしれません。期待をするから、がっかりするのです。はじめから期待しなければ、ストレスを感じなくて済むと、はっきり言われる人もいます。やはり、その方々の長い人生が、並大抵の苦労ではなかったということを知る思いがいたします。

このような厳しい思いの中で、はたして、現在販売されている見守りシステムがどれほど浸透するでしょうか。見守りシステムが、どうしても監視されていると感じる背景には、自分のためだけに、やってくれているという実感がわかないことにあります。それなら、いっそ監視させているという寛大な気持ちになってもらうことはできないでしょうか。このように考えるのは、私がその状況に置かれていないためであり、もし私もひとり暮らしになってしまえば、そう簡単に割り切れるものではないかもしれません。しかも、このシステムの費用を、子世代に出してもらうとまさしく監視されているという気持ちになってしまいます。ですから、自分自身を監視させるのに、自らがお金を出さなければなりません。つまり、自分がお金を出して自分を監視させるのです。結局、見守りシステムを導入するということは、このように非常に厳しい話なのです。見守りシステムが、なかなか世の中に普及しないのもうなずけます。

現在売り出されている見守りシステムには、以下のようなものがあります。

自宅内に設置したセンサーでチェック

自宅の中に、さまざまなセンサーを設置して、日常の行動をやんわりとチェックし、異変があれば、設定された先に連絡するというものです。センサーには、赤外線カメラや人感センサー、煙探知機、ドアセンサーなどがあり、それを無線や有線を使って、サーバーに送り、そこから連絡したりするようになっていることが多いです。また、システムを提供する会社によっては、担当者が巡回してくる場合もあります。

自宅で使用されるものでチェック

ガス使用量の変化やポットのお湯の水位の変化、電気の使用量を測定したりして、あらかじめ決められた連絡場所に連絡するようになっています。この場合も、どこまでサポートしてくれるかは、システムを提供する会社によって異なります。

携帯端末を使ったサービス

スマートフォン内蔵の歩数計などのセンサーを使ったサービスです。これはスマートフォンのアプリを使ったサービスで、月額利用料が安価であるのが特徴です。ただ、使い勝手が、ご自分に合っているか、よく検討する必要があるかもしれません。

給食や清涼飲料の宅配時に付随のサービスとして提供

給食代や清涼飲料代がかかりますが、多くは、サービスを申し込むだけで、無料で見守りをやってもらえるものです。給食をとったり、清涼飲料などを購入する費用はかかりますが、日常に必要なものを購入するついでに、依頼できる手軽さはあると思います。

専用端末を使ったサービス

セキュリティ会社が、主として提供しているサービスで、多くは、センサーと人を使った大規模な緊急対応システムである場合が多く、料金もかなりかかる場合があるようです。

孤立死は、その人自身にとっては、それで完結しているわけですが、周囲や家族の人にとっては、大きな出来事になってしまいます。そのため、今後も、この分野には、多くの企業がいろいろな見守りシステムを開発して世に出してくると考えられます。今よりも、もっと心理的な抵抗感が少ないシステムも開発されてくるでしょう。もし大所高所に立って、導入を考えられる場合は、監視されているという心理的抵抗感がどの程度なのか、設置料や月々の利用料が、総額でどのくらいになるか、などについて十分に検討された上で、導入を考えて頂きたいと思います。

秘訣⑦ 自分の希望を周囲に伝えておく

自分の死をしっかりと見つめると、今生きていることが何よりもかけがえのない時間のように思えるようになる。一日一日を大切に生きたいと思う。（女）

子が同居をすすめてくれるが、できるだけ今のままが良いと返事している。延命治療も望んでいないし、もし自宅でぽっくり逝っていたら、そのときは「お母さんは本望だったのだなあ」と思ってくれるように普段から子に言っている。（女）

あの世はないと思う。それに、死んだ後も天国や地獄などがあったら、面倒だ。別に死ぬことはこわくないし、もう十分に生きた。（女）

自分の希望を書き残す

子がいる人も、子がおられない人も、エンディングノートを書いて、延命治療に対して、具体的にどうするか意思表示しておくことは、良いことかもしれません。財産管理・相続や自分の葬式・供養のことなど、あらかじめ自分の思いを書き残しておくことは、残される人のためだけでなく、自分自身の心の整理という意味でも有意義なことだと思われます。

その中でも、とりわけ、重要なことは、治療に関する重大な判断です。たとえば、ある治療をやらなければ、即、余命が短くなりますが、それをやれば、命は長らえることができても、人間としての尊厳が損なわれかねない治療が問題となります。この判断を家族に任せてしまうと、その家族は判断に困るだけでなく、もしある家族が、短命に終わらせる判断をしてしまうと、その人は、一生涯、重荷を背負うことになりかねません。そのため、ぜひ、ご自身の考えや思いを書き残しておいてあげて欲しいと思います。

胃ろうについての考え方

このような治療の代表的なものに、口から食事をとることができなくなったときに、鼻から管を入れる経鼻チューブや、胃に直接管を入れて栄養補給をする胃ろうと呼ばれる治療があります。これらの治療は、ただ命を長らえさせるためだけの治療につながる恐れがありますので、注意が必要です。

２００１年に、緩和ケアに関するヨーロッパ協会は、イギリス、フランス、イタリアの医師で構成する運営グループを立ち上げて、癌末期の人の胃ろうは、限定的な目的で一時的におこなう治療であると報告しています。さらに、アメリカにおいても、2008年に、ハーバード大学が、進行した認知症の人に、胃ろうをつくることに疑問を投げかける論文を発表しています。また、フランスでは、最近では、口から食事をとれなくなっても、延命のために、胃ろうをつくるようなことはしなくなったといわれています。人生最大の楽しみは食であると言わんばかりのいさぎよいフランス人の判断だと思います。このように諸外国では、しっかりとした目的で、短期間に終わることができるという条件でやる治療として、胃ろうは位置づけられており、限定的な治療法であるという考え方が定着しつつあるように思われます。

つまり、胃ろうは、期間が限定され、いずれ抜き去る見通しがたつ場合に限って、やっても良い治療とされています。胃ろうを入れて、胃に栄養を入れると、栄養状態が良くなり、術後、チューブを抜いて再び口から食事をとることができる見通しが立つ場合が対象なのです。

しかし、胃ろうを、ただ命を延ばすためだけにおこなう場合は、話は別になります。医者は、その人が、口からうまく栄養をとることができなくなってきたので、このままでは、誤嚥性肺炎になって短期間で終末を迎えることになると考えるから、胃ろうをすすめているのです。つまり、その人は、口から食事をとるという楽しみをなくしてまで、生き長らえることを良しとされるかどうかというむずかしい判断となります。その時、その人がどう考えるか意思を確かめることができなくなっているときが問題となります。

それから、一時的とは言っても、一度、胃ろうを入れてしまうと、胃ろうを抜いて口から再び食事をとるようにするには、誤嚥《ごえん》して肺炎になる危険性を覚悟しなければなりません。つまり、胃ろうを抜くには、相当強い本人の覚悟が必要となります。このように、一度、胃に管を入れると、かなり抜くことはむずかしくなると考えられます。

また、ホームに入所していて誤嚥するようになった場合は、胃ろうを入れなければ、退所しなければならないと言われる場合があります。その場合は、選択の余地は限られてしまいます。この意味では、ホームに入所していることは、自らの意思を尊重してもらえない可能性が高くなってしまうことを意味するものと考えます。

食事を口から食べるということは、味わいや香り、さらには食感を楽しむなど、もっとも基本的な生きる楽しみのひとつを失うことになります。胃に管を入れ、人生の最大の楽しみを失っても、なんとしても長く生き長らえるべきと考えるか、それとも、胃ろうは設けず、口から食事をとり続け、誤嚥性肺炎にかかって、短命に終わっても良いと考えるかは、その人の考え方次第だと思います。

これらのことを良く考えた上で、胃ろうに関する自らの考えをしっかりと書き残しておくことは、家族を救うことになります。

「不治」の場合を書き残す

エンディングノートでは、「不治」という言葉がよく使われています。しかし、この「不治」という言葉の意味を、もう少ししっかりととらえておいて欲しいと思います。と言いますのは、医学的にはっきりと「不治」と決めつけることは、極めてむずかしいことなのです。複雑な体を扱う臨床医学では、医者も信じられないことを多く経験します。つまり、「不治」と決めつけることはなかなかできないことなのです。それにもかかわらず、終末期の判断を記すノートでは、「不治」の状況に陥ったかどうかで、大きく判断を分けてしまっています。これが問題なのです。

治療を受ける時点で、医学的に見て回復の確率が、100分の1しかない場合を、「不治」として納得するのか、1000分の1にするか、10000分の1にするかで話は大きく変わります。この部分に対する本人の考え方をきっちり書き残しておいてあげて欲しいと思います。そうしなければ、今度は、家族がそれを判断しなければならない状況に追いやられてしまいます。もし、家族が判断して、延命治療をやめてしまい、短期間で逝ってしまうことになった場合、その判断をした家族を、今度は、心配しなければならなくなるのです。

「延命治療」の希望をはっきり伝える

「延命治療」という言葉も、多くの問題を含んでいます。「不治」とは、現代医学の最高の治療をもってしてもだめだという意味で、治療という言葉と切っても切れない関係です。しかし、「延命治療」という言葉の意味も、しっかりと確認しておいてもらわないと、判断に迷う場面も予想されるのです。人間は自分が生き長らえようとするために、治療を受けるのです。ですから、すべての治療は延命のためにおこなうものです。ここでいう「延命治療」という言葉が指すものを改めて考えますと、その治療をやっても、もはや病は治らず、ただ単に命を長らえさせるためだけの治療という意味だと思います。そうだとすると、もし奇跡的に治るようなことがありうると仮定すれば、すべての治療は「延命治療」ではなくなってしまうのです。私自身のわずか30数年間の臨床経験においても、私にとっては、奇跡と呼ぶべき経験をしています。やはり、奇跡はありうると考えます。そのため、ここでも治療による回復率を、明確な数字として確定しておかなければなりません。しっかりと、ご本人がもうだめだと考える治療回復率を、１０００分の１にするか、もっと小さくするか、残される家族のために、書き残しておいてあげて欲しいと思います。

それから、末期の痛みを完全に取り除くために、たとえ副作用が多少出たとしても、モルヒネなどの強力な鎮痛剤を十分に使って欲しいかどうか、という問題は、「延命治療」とは異なります。これは、その人の希望であり、意思ですので、延命治療とは切り離して考えておいて欲しいものです。

最後に、「不治」と判断されたならば、「延命治療」の候補となる摘出手術や抗がん剤の投与、栄養補給のための点滴や鼻から入れるチューブや胃ろうなど、を望まれるかどうか、本人の思いを書き残しておくことはとても重要です。

とにかく、自分自身の立ち位置を確認する作業は、ある意味、その人の人生そのものを評価することになると思います。難しいことですが、これを避けて通れば、心が不安定になります。これらに対するあなたの考えを、自らの心と相談して、じっくりと時間をかけて決めておいて頂きたいと思います。

5章
どうしてもひとり暮らしが無理になったら

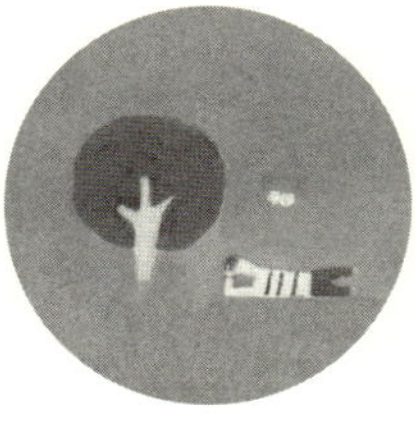

誰しも、最初はひとりで生まれたわけで、いつかはかならずひとりで逝くわけです。そのため、かならずひとりになる瞬間があります。たとえば、ご夫婦でも、寿命には差がありますので、片方が先立たれる場合や結婚されずに過ごされていてご両親がお亡くなりになられたときなどは、ひとりになってしまいます。そのようなときに、ひとり残されたため、大きなショックを受けられることは、容易に想像されます。それはとても大きな精神的負担となり、ときには、うつ状態のような状況にまで、追い込まれてしまうこともあるといわれています。

ひとりぼっちになってしまったときの衝撃は、実際に経験したものでなければ、到底理解できないほど、強いものだと思われます。このようなとき、ひとり暮らしの場合、いざというときに相談する相手がいないということが問題となります。そのため、同居が可能な方は同居という選択肢を思い浮かべ、そうでない方は、施設への入所を考えられるかもしれません。そのような経験を経て、結果として、ひとり暮らしを選択されているみなさんに、ひとり残されたときに、どのように切り抜けられたかを伺ってみました。

死別した時の対策

夫が亡くなったとき、落胆し寂しさのあまり、顔面神経麻痺にまでなってしまった。もうなにもしたくなくなり、落ち込んでいたが、老人会とゲートボールに入会してから、徐々に元気になった。それでも、落ち着くのに3年かかった。(女)

先立った人のことは、決して忘れないようにするが、やはり、生きている人が中心だ。どんなことでも、一から新しくやっていくようにすると、自然と新しい世界が開けてくるような気がする。(女)

ひとり暮らしになったので、姉と一緒に暮らし始めた。寂しくはなくなった。(女)

今は、夫の声や映像を見ないようにしている。死んだらこの世では、おしまいであり、生きている者が中心にならなければならないと思う。特に震災の映像を見てそう思った。(女)

自分の人生にはまだ先がある

残念ながら人の寿命は、それぞれ異なります。いかに仲の良い夫婦や親しい友達、親戚でも、どうしてもどちらかが先に他界され、自分がひとりで、残されることを覚悟しておかなければなりません。お葬式の前後は多くの人々が集まってこられても、しばらくすると、ひとりだけとなってしまうわけで、その寂しさは尋常ではありません。そのときの対応方法には、理屈の上では、寂しさを耐えながら、そのままひとり暮らしを始める、誰かと同居しようとする、思い切って老人ホームに入所する、という3つの選択肢があると思います。

とにかく、厳しいひとり暮らしですから、新たに満足感が得られるような生活にもどることができるかどうかは、過去を大切にしながら、いかに早く、今生きている人を中心に物事を考えられるように気持ちを切り替えられるかということにかかっています。先に逝かれた人も、決していつまでも嘆き悲しんでいて欲しいとは思っておられないと思います。今の時代は、ひとりが先立っても、もうひとりには、結構長い人生が残っている場合が多いわけで、ここで足下がゆらいで、あわてて老人ホームなどに入所しようとすると、後で後悔することになるかもしれないのです。とにかく、ここでは、過去の思い出は大切にしまっておいて、また、新たな人生を歩み始めることが重要であると理屈では理解されていても、そう簡単にできる話ではないという思いを多くお伺いします。やはり、その場になってみなければ、理解することはできないのだと思います。

しかし、いくらむずかしい状況でも、なにかやろうとしなければ、事態を打開することはできないわけで、なんとかやるしかありません。たとえば、できるだけ、しっかりと見送れば、あとは距離を置いて、「遠くより見守ってくれている」と思えるような先立たれた人のかすかな気配を感じるものだけを残して、その他の遺物は大切に押し入れの奥にしまってしまうのもひとつの方法です。このようにされている人は、早く立ち直れているように思われます。重要なことは、見守ってもらえていると感じることができるかすかな気配なのではないでしょうか。たとえば、ペンダントや財布に入れることができるような小さなものや、大切に家に飾っておくようなものがそれではないかと思います。

ずっと病院と自宅で、夫を介護してきて、十分な食事を食べていないことに気づくのが遅れ、体調をくずした。まだ、その体がもどっていない。(女)

夫にやるだけのことはやってあげたので、満足している。人間誰しもいつかはあちらに逝くことになるので、寂しくはない。(女)

何でもぱっとするのが大好きだ。数年前に夫に先立たれ、1年間は寂しかったが、自分自身で何でも好きなようにできることに気づき、元気になった。(女)

見送ったあとは

非常に長期にわたって、献身的な介護をおこない、十分にやってあげたと思える場合は、寂しさがあるものの、しっかりとやることはやってあげたという達成感と、やはり少しはほっとした気持ちが入り交じり、あきらめの境地のような気持ちになっておられています。このような場合、自分もいつかは同じ立場になるかもしれないし、やれることすべてやってあげたので、もう十分だと納得しておられるようにも感じられます。しかし、自分自身ではあまり気づかれていない場合がありますが、とにかく、見送ったあとは、かなり心身ともに疲労が蓄積している可能性がありますので、見送った当初は、十分に体力をもどすように気をつけながら、徐々に日常活動を再開して頂きたいと思います。よく見送ったあとに、体調をくずされる例は、このような場合ではないかと思います。

私のように実際に経験もしていない身では、真の苦労を理解することなど、不可能なことですが、老老介護の問題は、とても大切な立派な仕事をされているのだという思いがします。時に、老老介護をやり遂げられたという達成感を聞かせてもらうと、私まで、何かすがすがしい思いがします。話をお伺いしていて、やはりすごいことをやってこられたのだという感動があります。とにかく、これからは、ご自分のことだけやれば良いのだから、ぜひ手を抜かずに、自愛して頂き、少しでも長く自立しながら過ごして頂きたいものです。

先立った人のことは、決して忘れないようにするが、やはり、普段は、生きている人を中心に考え、どんなことでも、一から新しくやっていくように心がけると自然と新しい世界が開けてきた。（女）

何の苦労も介護もせずに、見送ったため、何かをしてあげたからという満足感や達成感なども一切なく、寂しさだけが残る。丸３年間を過ぎても、その寂しさは今でも時々ある。（女）

みんないずれ彼の地に行くのだから、悲しいことではあるが、残された者は、気持ちを切り替えて、今を何とか生きていくしかないと思う。生きている者を中心に考え、夫が遠くから見守ってくれていると感じることができるものだけを残し、他の遺品はすべてしっかりと奥に収納し、もう見ないようにしている。（女）

夫が亡くなってから、最初の2年間はほんとに胸が息苦しくもう死のうかと思うほどであったが、フラダンスに出合ってから、立ち直ることができた。絵手紙やコーラスもやっているが、やっぱり体を動かすのが良いようだ。(女)

3年前に夫を亡くし、最初の1年間は、落ち込んだが、パートに出ていたときの友達や観劇の友達、さらには近所の友達、そして1年間お遍路に通ったときの友達が、毎日かわるがわる支えてくれて、元気になった。(女)

寂しいと感じる場合

非常に短期間に、片方が先立たれた場合、残された人の寂しさは半端ではないといわれます。とにかく、心の準備も、経済的な準備も何もできていない状況で、いきなりひとりになってしまいますから、まさに極限状態に放り出されてしまうという感覚です。それは、寂しさだけではなく、一体、なにをしたら良いのか、どこに何があるのかもわからない状態で、放心状態に置かれた気持ちになるのだそうです。居ても立ってもいられない。何もやる気が起こらない。虚無感は極限状態で持続し、まさにその苦しさは、人生最大の難局と思われるくらいです。

このような場合、いかんともしがたい状況であり、他に信頼のおける人がいて、その人に電話で話を聞いてもらうことができれば、少しは気が楽なのですが、かならずしもうまくそのような人がいるとは限りません。

このような場合は、食欲だけでなく、睡眠などにも大きな影響が出てきているものと思いますので、いろいろ良い薬もありますから、ぜひかかりつけ医に相談して頂きたいと思います。

もうひとつ、ひとり暮らしに危機が訪れるときがあります。それは、大きな病気やけがをされたときです。

大けがや大病をしてしまった

大けがをしてから、痛めたところが痛くて、長く椅子に座っていることすらできずに困っている。もう何をするにも、苦しくて、なんでこんな年になってから、これほど苦労するようになったか、情けなくて仕方がない。はやく迎えに来て欲しい。（女）

急に足に力が入らなくなり、動けなくなった。子は同居を言ってくれるが、向こうに行っても、足が動けるようになるわけではないし、さらに子にも気を遣わせることになり、気兼ねするという精神的負担がこれに加わるだけである。だから、同居はしない。（女）

片足の手術を受けたが、なかなか良くならない。今度は反対側の足まで痛くなってきた。ひとりで何でもやらねばならないのだから、非常に厳しい。でも、毎日リハビリをやっている。ひとつの姿勢をとっていると痛くなるので、椅子に座ったり、たたみの上で足を伸ばしたりしている。とにかく、少しずつ、症状は良くなってきているようにも思う。人に何かものを頼むのがいやなので、幸いスーパーが近く、病院も近くにあるので、なんとかやっている。（女）

どうしても体の調子が悪いときは、適当なものを食べてしのいでいる。調子が悪いとき、ただじっとしているしかないが、そんなことをしていると体が動かなくなる恐怖にかられる。痛みをがまんしながら、動くしかなく、その苦しみはたとえ、傍に心やさしい家族がいても何の役にも立たない。やっぱり、自分しかないと思う。（女）

足のしびれ感が最近ひどくなってきた。足の底もしびれ、足が揺れているように感じると

きがある。転倒しないように、最近では、家の中でも慎重に歩いている。（男）

ひとり暮らしでは、もし大病や大けがをすれば、大きな影響を受け、状況は深刻になりがちです。普段は気楽なひとり暮らしも、何も頼るものがいないため、大変な痛手を被ることになります。体調がすぐれなくても、また、たとえ痛みのために動くのもつらい状態になっても、身の回りのことを含めて、何もかも自分ひとりでやらなければならないという状況は厳しく、一気に日常生活満足度は低下します。従って、できるだけ大病や大けがをしないように、普段より気をつける必要がありますが、これればかりは、いくら注意していても避け切ることは難しいと思います。

他人を頼ることができないという生活は、自分で動かなければどうしようもないことを意味し、無理矢理にでも運動をすることになります。理屈の上では、これが良いリハビリテーションとなり、復活するチャンスが増える可能性が高くなるはずです。しかし、実態をアンケートしてみますと、少々運動しても、年をとってくるとそんなに簡単に身体能力がもどるわけではなさそうです。何年もの間、苦闘されている姿が浮かびます。ただ、そのように厳しい状況の方々から、時々、話の中で、将来への希望、たとえば、もう一度、自分の足で温泉に入りたい、など具体的な目標を話されるとき、少し声に明るい響きが含まれている気がいたします。このわずかな希望をあきらめずに、なんとか日々努力されている苦労話を伺っていますと、自立してひとり暮らしをすることが、いかに厳しいものであるかの一端を垣間見る思いがいたします。やはり、そんなに生やさしいものではないと思われます。

金銭管理

友達から聞いた話だが、金銭管理を子供に任せたところ、少額しか送ってこなくなった人がいて、自分が食べるものにも困っているそうだ。自分は、最後まで、自分で管理しようと思う。（女）

私には、多額の年金もないし、お金を管理する必要もあまりないので、年齢が高くなって計算ができなくなっても心配していない。（男）

子には、はやく自宅の片付けと資産の整理をしておくようにせかされているが、なかなかできないでいる。（女）

金銭管理は、すべて子に任せている。(男)

お金の件でずいぶんと悩んでいる。今後の生活が不安であるが、いざとなれば生活保護を受ければいいと開き直っている。(女)

自分は年金暮らしなので　子がお金を出してくれ、毎月お小遣いを送ってくれるのがうれしい。(女)

ホームに入ろうにも、お金がかかるし、年金生活なので入れない。(女)

年をとってくると金銭の管理が大変です。なにせ、別に認知症になっていなくても、簡単なことでもすぐに忘れてしまうわけで、自分が生きていくために、必要な金銭管理が、このままではどうなるのだろうかと不安になります。とくに、認知症になってきているのではないかと思われるような自覚症状がある場合、どうするかということは、誰にとっても非常に大きな問題となります。

経済的な管理は、個々の人で、置かれている状況が大きく異なります。家族の有無やその関係、資産のあるなしでも大きく事情が変わります。そのため、一概にこうすれば良いという方向性を見つけ出すことはむずかしいことです。しかし、少し考えれば、高齢者自らがおこなう対策としては、大きくふたつの方向性しかないと言えると思います。ひとつは、最後まで自分で管理しようと努力する方向性、もうひとつは、人に頼るという方向性です。

家族や他人に頼る

身内がおられる人なら、信頼のおける血のつながった人に金銭管理を依頼するという方法があります。また、まったくの他人がやってくれる終末期の金銭管理サービスもあります。信託銀行やいろいろな企業が手がけてくれており、そこでは、専門の弁護士さんなどがしっかりとした対応をしてくれることを謳い文句にしています。しかし、これらのサービスを受けるには、相応の費用が必要になります。

しかも、信頼のおける専門家であっても、必ずしも最後までしっかりと金銭管理してくれるとは限らないというニュースが時々流れます。また、身内であっても、その人の考えが時の変遷を経て、変わっていき、十分な対応をしてくれなくなるという話も聞くことがあります。やはり、他の人に金銭管理を任せることは、相当むずかしいことだと感じます。

任意後見制度の利用

自らの安心を得るためには、やはり、認知症にかかったときの対応を、しっかり書き残しておく作業をやっておくと、気持ちも少しは楽かもしれません。しっかりとした対応を決定しておくわけです。そして、自分が認知症になってしまったときに頼む任意後見人と自分とが契約をします。その内容は、公正証書として法務局に登記され、もし認知症の発症を疑われた場合、関係者の請求により、まず自分自身が認知症にかかっているかどうかを医師が判断します。その結果、後見を必要とするほどの認知症とわかれば、関係者の請求により家庭裁判所が任意後見監督人を選任することで、契約の効力が生じます。このようにして、自分が認知症になったあとの金銭管理を他の人にまかせる契約を結んでおくという選択肢があります。

自分で最後まで管理する

自分が認知症になってきているのではないかと心配になる時には、つい他人を頼りたくなります。しかし、人によって差はありますが、重度の認知症の方でも、自分の生命維持に関する重大な要件、たとえば、金銭管理に関しては、最後までその機能を残されていたという話を聞きます。つまり、自分の生命維持に必要なものを提供してくれる人や自らのお金を管理する方法などは、かなり末期の認知症にいたるまで、しっかりとしておられたということです。金銭管理がはたして認知症の予防効果があるかどうかは別として、やはり他人に頼ると、自分の能力が低下するという原則に則れば、できる限り自分で金銭管理し続けることに意味があるかもしれません。

ここでも、できれば他人に頼れば、自らの能力が低下してしまうという原則を思い出して頂き、できるだけ最後まで、自分で金銭管理をやっていくことが大切なのかもしれません。つまり、認知症予防の効果がはっきりと期待できるかどうかはわかりませんが、できれば最後まで自分で管理し、もし最悪、認知症になり状況がわからなくなったら、もはや自分自身というものの存在もわからなくなってきているわけですから、もう良いのではないかという考え方もできるのではないかと思います。

このような金銭管理こそ、老後の安心安全につながるものとして重要であると考えられます。多額の資金を使って老人ホームに入所されても、老人ホームでは、金銭管理はしてくれません。そのため、ホームによっては、他の金銭管理専門の部門が担当している場合もあると聞きますが、これはまったく別の契約であり、何もホームに入らなくても、ひとり暮らしのまま、契約すれば済むことです。つまり、ホームに入所することと金銭管理とは、まったく別の話ということです。

このような金銭に関することは、非常にむずかしいことなので、各人の考えや多くの要因によって対応が異なるものと思われますが、やはり一定の結論を出しておくことは、老後の生活を過ごす上で、心の安定をもたらすものではないかと考えます。

最期の決断

体の具合が急に悪くなったら、救急車を呼ぶ。徐々に具合が悪くなってきたら、自分で病院に行く。なにか困れば、民生委員さんや介護保険の支援センターや市役所に聞く。これでやるしかないと思っている。（男）

人間にとって、最後に残るのは、慈愛の心だと思う。日一日と死が近づいていると感じるが、死は怖くない。しかし、なんとなく寂しい。（女）

自分の力が残っているときは、人に頼らず、最後まで自宅におり、最終的にはどうしてもというときは、ホームや施設も考える。（男）

私は、自分の力で、トイレに行けなくなったら、安価なホームに入りたいと思う。そして、そのような所に入れば、もう最期が来たと考える。しかし、今は、便利なところに住んでいるので、最期のときまでできる限りここに居ようと思っている。(女)

ひとり暮らしの人がいよいよ衰えてきたら、選ぶ選択肢は、ふたつです。ひとつは、自宅で死ぬことであり、もうひとつは、高齢者用施設(種々の老人ホームや高齢者専用賃貸住宅など)に入所することです。

そこで、どこまで低下すると入所を決断するかというアンケートを独居の方々から頂きました。

①独力でトイレに立てなくなったとき
②自分の力で食べ物を口に持っていけなくなったとき
③買い物が自力でできなくなったとき

という3つの回答が多かったと思います。

このような状況におちいれば、この方々は、医療機関を受診したり、民生委員や市役所に相談されます。

病気があり、その病状が悪化したために具合が悪くなってきた場合は、病院は治療してくれますが、治療して一定の回復が見られた時点で退院しなければなりません。また、病気には変化なく、治療により回復することが見込めない場合や、老化による影響が加わってきたためである場合は、病院では診てくれません。

この時点で、再びひとり暮らしが可能な状況ならば、問題なく、今まで通りの生活を始めれば良いわけですが、それができない状況になってしまうと、選択肢は、ふたつしかありません。

ひとつは、それでもひとり暮らしを再開しようすることです。そのような状況に追い込まれても、ひとり暮らしの場合は、同居家族がいないので、自宅に戻るに際して、気を遣う人がいません。自宅に戻ることができやすいと言えます。この場合、受診前より、すでに自宅看取りも引き受けてもらっているかかりつけ医を持っており、種々の介護サービスも受けておられる人は、自宅にもどる時に、今までの在宅医療サービスや介護サービスを、必要に応じて厚みを増してもらい、もう一度、なんとか自宅でがんばり始めることができるのです。

また、今まで、何も医療や介護のサービスを受けていなかった人は、病院や市役所のケースワーカーに依頼して、とりあえずショートステイをしながら、自宅で死ぬことができるような体制をつくってもらいます。このようにして、いずれにせよ、自宅看取りを引き受けてもらえるかかりつけ医さえ持つことができれば、自宅で死ぬことができるようになるはずです。

そしてまた、再び体の具合が悪くなれば、もちろん治療をすれば回復する可能性を確かめるために、再度、救急車を呼ぶことになります。そして、また自宅に戻り、これを繰り返しながら、自宅で何が何でも最後までがんばり、そのまま自宅で終末を迎えることになります。

もうひとつの選択肢は、種々の老人ホーム、療養型施設、住宅型施設など、高齢者用に設けられた施設に入所して最期のときを迎えることです。これらの施設における医療や介護サービスの提供には、大きな差があります。また、これらの選択には、その人の経済的な面が大きな影響を与えます。しかし、どこに入所されても、いままでとは異なった医療や介護のスタッフがみてくれることになりますので、まったく異なった環境で、異なった人の世話になることには違いがありません。つまり、生活圏が変わってしまうのです。

終末期、自らの意識がはっきりしている状況で、新しい環境に移ることはできるだけ避けなければならないことは、すでに、アンケート調査の結果が教えてくれています。しかし、ここまで体力低下がすすめば、もはや死を覚悟して施設に移る段階であり、新しい環境になってしまうことはしかたのないことだと覚悟できているかもしれません。それならば、その方にとっては、それで満足されていると思われます。

自宅で死ぬか、それとも、施設で死ぬかは、いろいろな事情がからみ、たとえひとり暮らしであっても、そう簡単に決定できないことかもしれません。しかし、どうしても判断しなければいけなくなるときがきますから、あらかじめ、しっかりと自らの心と相談しておいて欲しいと思います。

自立死という選択肢

ホームはいやだ。何が何でも最後まで家にいるつもりだ。（女）

自立して最後までいく。延命治療はしないと決めている。日赤救急センターのカードをつくり、枕元には携帯電話、酸素、など必要なものは置いて寝る。生活満足度は１００点満点である。（女）

延命治療も望まれていないし、もし自宅でぽっくり逝っていたら、そのときは「お母さんは本望だったのだ」と思ってくれるように、普段から子供たちに言っている。（女）

尊厳死協会に入会して、リビングウイルを提示している。別に宗教は深く信仰していないが、死は怖くはない。病気は怖い。役目を終えた今となっては、一日一日、感謝しながら、夫や両親の所へ行くことを意識している。（女）

あるアンケート協力者の場合

自宅で死を迎える場合、家族の存在が大きな役割を果たしてくれます。従いまして、家族の承諾のもとで、自宅看取を引き受けてもらえた医師に看取ってもらう形で最期を迎えることになります。しかし、家族がまったくおられない場合は、どうするのでしょうか。

自宅で自立死を目指しておられる今年81歳になる江田直介さんには、お子さんがおられません。奥様が7年前にC型肝炎から発がんされ、他界されてから、ひとり暮らしをされています。

また、この方自身も、体が丈夫とは言えない方で、11年前に、脳梗塞で一時下半身不随となられ、医師から外出はもう無理ではないかと言われましたが、リハビリテーションに励まれ、海外旅行ができるまでに回復されました。6年前には、海外旅行先で体調をくずされ、帰国して精査しますと、心臓病であることが判明し、ペースメーカーを入れられて助かったという経験を持たれています。また、4年前には腸閉塞となり、3年前には、心房細動、S状結腸捻転となるなど、ほんとに多くの病気をされ、いつどのようになるかわからない体ですと笑われます。ひとり暮らしで、家族はおらず、すべてひとりで生きていかねばならない立場ですから、自らの死を見つめつつ、日々大切に生きておられます。そして、先立たれた奥様と相談して決めた自立死を迎えるために、あらゆる準備を整えるべく努力をされているのです。

契約家族

まず、ご家族はおられませんので、ＮＰＯ法人りすシステムという団体と、契約家族という関係を結んで、本来ならば家族がになう仕事を、すべてＮＰＯ法人に依頼されています。契約家族は、３本建てとなっていて、「生前」「任意後見」「死後」に分けて、細かな具体的項目を契約するという形をとっています。そして、公正証書による法的契約による一貫サポートが提供されているのです。これにより、たとえ、江田さんの身に何かあっても、りすシステムが支援してくれるような仕組みになっています。

また、ご自宅は、自分の死後に、自治体に寄付することを決めておられます。ただ、問題は、もし自宅で急逝して24時間以上放置されるようなことがあっては、せっかく自治体に寄付する予定の自宅の資産価値を落としてしまうことになりますので、月々約４０００

円を支払って、ある企業がやっている見守りシステムを導入されています。これは、一定の時間、トイレを使わなければ、連絡が自動的にいくようになっているもので、孤独死を防止するものです。これにより、せっかく自治体に寄付しようとしているのに、自分のために資産価値を落とすことのないように、配慮されているのです。

「生前」にかかる費用は、個人によって違いがあるとのことですが、江田さんの場合は、4回の入院時に受けた契約家族サービスの費用を含め、今後、どれほどサービスを受けることになるかわかりませんが、合計で、せいぜい50万円もあれば足りるのではないかと言われています。また、「死後」の対応も、上を見れば切りがないそうですが、シンプルな葬儀と家の片付けなどを含めて、およそ100万円もあれば、なんとかなると言われます。つまり、「生前」の分と合わせて、合計150万円もあれば、家族がいなくても、自宅で死ねるということです。

公的支援を要請する

ところで、江田さんのように、準備周到で、完璧な対策を講じておられる人はやはり少数派ではないでしょうか。大部分の人たちは、そこまで詳しくは考えずに、とにかく漠然と最後まで自宅で過ごしたいと願っておられる人々ではないかと思われます。この場合でも、自宅にて看取ってもらえる医師さえ探すことができていれば、医療や介護のサービスを充分に使いながら、まったく問題なく、自宅で死ぬことは可能だと思われます。

では、たとえば、他の人には何も頼まずに、あるとき、急に自宅で亡くなられるひとり暮らしの方の場合、どうなるでしょうか。そんなとき、身寄りがいて、すべての処理をしてくれたら良いのですが、身寄りもなく、古くなった自宅以外の資産もなく、所持金も底をついていたとしたら、どうするのでしょうか。また、たとえば、所持金を使い果たしてしまい、年金では足りない場合はどうされるのでしょうか。

古い自宅を所有してしまっているので、生活保護を申請することができないと思っておられる方がおられるかもしれません。しかし、ローンが残っておらず、自宅不動産の資産価値がある一定の額以下ならば、たとえ持ち家があったとしても、所持金がなくなりそうで、年金だけでは足りないような状況では、生活保護の生活扶助を申請できる場合があります。一度、市役所に問い合わせて頂ければと思います。

また、自宅や病院で、身寄りもなく、最期を迎えたときは、どうなるのでしょうか。

大阪府四条畷《なわて》市の場合は、市が資産を調べ、3親等以内の身寄りを徹底的に探します。その上で、身寄りがおられないことがわかれば、市の方で、対応することになります。

まず、病院や自宅から、直接、火葬場へ移送され、荼毘《だび》にふされます。その後、共同墓地ですが、しっかりと祀ってもらえます。そして、もし残された不動産があれば、市が処分し、市が負担した経費分を差し引いた残りは、国庫に返還されることになります。このような対応は、全国どこでも受けることができると聞きます。

このように、まったく無一文になっていても、最後はちゃんと最低限のことは、行政がやってくれるような仕組みになっているのです。

本書の調査やアンケートの結果からは、ひとりを最高にするものは、心であり、気持ちの持ち様であることがわかります。

心の問題は、その人自身の問題であり、人に頼らず、その人自身が自らの力で切り開いていくしかありません。また、ひとり暮らしは、ほかの人のことを考えずに済みます。寂しいわけですが、それが逆にひとり暮らしの強みになります。気を遣う家族がいない分だけ、今の世の中では、有利になってしまったかのように見えます。みんなが忙しくなってきて、人と人との繋がりが薄れてきて、それぞれが何かに追われて生活している時代では、いろいろな困難と闘いながらでも、ひとりで老後を過ごすことの方が、幸せになる確率が高いということがわかりました。

それが何を意味するのかは、よくわかりませんが、今住んでいる場所を確保して、真の友達を探し、さまざまな助けを借りながら、自らの思いのままに準備していけば、意外に、それほどお金もかけずに、誰でも簡単に、自分の老後を幸せにできるということを意味します。なにも、多額の費用をかけて高齢者用施設に入所する必要はないのです。今、ひとりの人も、今後、ひとりになっていかれる人も、決して悩まないで欲しいと思います。幸せは、あなたの手のひらの中にあるのです。

本書の調査方法と分析について

アンケート調査の概要

本アンケート調査は、２０１３年4月1日より5月31日までの2カ月間に、門真市医師会「お元気ですかコール」活動に参加されている60歳以上のひとり暮らしの人全員と、当診療所を何らかの症状を訴えて来院された60歳以上の人全員に対しておこないました。総数は４８４名で、そのうち、アンケートに協力・回答して頂いた人は４６０名で、有効回答率は95％でありました。内訳は、男性１５８名、女性３０２名で、年齢は60歳から92歳、平均年齢は73・2歳でした。

アンケート項目は、全員に、年齢・性別を聞いた上で、

1　現在の健康意識は

1　よい　2　まあよい　3　ふつう　4　あまりよくない　5　よくない

厚生労働省実施の国民生活基礎調査に準拠し、比較検討できるようにしました。

2　悩みの程度は

1　ない　2　すこしある　3　ある

3　生活満足度を100点満点で評価すれば何点ですか。
4　家族構成は
さらに、ひとり暮らしの方に対しては
5　日常生活動作支障、外出支障、運動支障の有無
6　子の有無と遠近
7　外部との接触の状況
8　今後、からだが弱ってきた場合、どうされますか
9　独居を支えてくれているものは何ですか
以上の各項目に回答して頂きました。

有意差判定は、分散の等しさを検定した上で、t検定を用い、両側5%の危険率にて判定しています。また、日常生活における満足度と悩みに関しては、回帰分析を利用し、危険率5%で有意差判定しました。本文中の棒グラフでは、標準誤差を表示しています。

さらに、本文中のゴシック体で記したアンケートの「声」は、個人情報を保護するため、個人を特定できるものはすべて削除し、内容が変わらない範囲内で、手を加えています。

アンケート結果

独居者全体の満足度は、同居者全体の満足度に比べて、有意に高い値を示していました。そこで、同居者を条件別に検討しましたところ、三世代世帯ならびに家族数4人以上の世帯に属する60歳以上の人の満足度だけは、独居者の満足度を上回っていましたが、悩みの程度は逆に多いという結果でありました。しかも、両者とも統計学的には、有意な差であるとまでは言えません。ということは、同居の中でも、もっとも高い満足度を示した高齢者群でさえ、決して独居者を超えるほど満足して生活されていないのではないかと考察します。とくに、夫婦のみの世帯や家族数がふたりの世帯では、統計学的にも明らかに満足度は低く、悩みも多く、明らかに独居者の方が快適な生活をおくられていることを示す結果でありました。

また、男女差の影響も調べましたが、年齢、満足度、悩みの程度、健康意識のどれにおいても有意な差は認めず、男女による差が原因ではありませんでした。満足度に関しては年齢による影響も認めていません。

そこで、その人が感じている自らの健康状態を示す健康意識による影響を調べました。すると、健康意識が低下するにつれて、同居者の満足度は段階的に低下していきましたが、独居者では、かなり健康意識が低下しても、満足度が維持されていることがわかりました。その時の悩みの程度を調べると、統計学的に明らかに悩みの程度が、独居者においては低いことがわかります。つまり、独居者では、悩みが少ないために、同居者に比べて、たとえ健康意識が低下してきても、満足度が高いことがわかったのです。

その結果を補完するために、悩みと満足度の関係を調べましたところ、悩みが増えると満足度が低下するという明らかな相関を認めました。

これらの結果を総合すると、60歳以上の人の日常生活における満足度を左右する主たる要因は、悩みの程度であるということがわかりました。つまり、この悩みをうまく低く抑えることができれば、年齢を重ねても快適な生活が待っていることを意味します。

そこで、独居者が満足している原因を追及しました。

子を持つか（有子）、持ってないか（無子）という点について検討いたしました。また、子がいる場合、近くにいるか（近子）、遠くにしかいないか（遠子）という点についても同時に調べました。その結果、有子と無子の間や近子と遠子の間には満足度には差を認めませんでした。また、近子と遠子の間における悩みの程度だけは、近子の方が悩みは少ないという結果でしたが、有子と無子の間には差は認めず、結局、子がある人の中での差にしかすぎませんでした。

つまり、子がいるかいないかということは、老後の満足度に決定的な要因とはならないことを示唆しています。これは、非常に重い結果です。検討した対象数がわずか数十のレベルですので、結論を出すことは控えますが、今回のアンケート調査では、このような結果でありました。

独居者における社交性の多寡についても検討しました。サークル活動やボランティア活動を活発にされている方とそうでない方の満足度や悩みの程度を比較しましたが、活発な人の満足度はわずかに高く、悩みは明らかに少なくなっていました。このことは、やはり外に出ていろいろな人と接することが、満足するひとり暮らしにとって、もっとも大切な悩みを減らす効果があることを示しているものと考えます。

以上、すべての結果をあわせて考えますと、いろいろな対外的な活動を活発にし、もし子がおられても、決して同居はせずにひとり暮らしを維持し、できるだけ悩まないようにさまざまな取り組みをしながら、最後まで何でも自分でやり、自分の思いのままに暮らすことが最も理想的な老後の姿であるということがわかります。

本アンケート対象者には、門真市医師会「お元気ですかコール」に参加されている91人の方が含まれています。また、治療経過は良好で、現在ほとんど症状がなく、経過観察が必要なために来院されている方も多いですが、一方で、当然、耳鼻咽喉科的になんらかの症状を持って当診療所を受診された方も多く含まれています。そのため、結果に多くの偏りが生じている可能性があります。

アンケート対象者の姿

そこで、今回のアンケート調査に協力して頂いた方々の特徴を調べるために、厚生労働省が3年に1回おこなっている大規模な国民生活基礎調査の項目の中から、運動能力や悩みの程度を示す4項目についても回答して頂きました。その結果を、他の大阪府在住の同世代の人と比較して、どのような特徴を有しているか比較してみました。日常生活動作に支障のある者の率（起床、衣服着脱、食事、入浴などに支障がある人）、外出に支障のある者の率（外出に際して時間や作業量などが制限される人）、運動に支障のある者の率（スポーツを含む運動に支障がある人）、悩みを持つ人の割合、という4つの点で、比較検討してみましたが、本アンケートに協力頂いた方々は、厚生労働省の実施している国民生活基礎調査の大阪府のデータと比較して、統計学的には有意差を認めませんでした。つまり、本アンケート調査に協力して頂いた方々は、大阪府に住む他の高齢者に比しても、運動能力や悩みの程度に差を認めないことがわかります。もちろん、全国的に見れば、地域差の大きいテーマを扱う以上、大きな偏りを含んでいる可能性があるものと思われます。本アンケート調査は、とくに大都市を背景とした人々の暮らしぶりを見ていることになるかもしれませんが、少なくとも、アンケート内において、相互に比較検討することはできるのではないかと考えました。

あとがき

私たち生き物は、常に、周囲の状況を把握して、一体、どのように行動すれば、一番生き残る可能性があるのかを判断しています。これは厳しい環境に住むものの宿命であり、もっとも基本的な生きる努力だと思います。年を重ねたからといって、周囲の状況がわからなくなるわけではありません。それなら、高齢者を取り巻く環境にも、もう少し詳しい情報が必要なのではないかと考えて、本書をまとめさせて頂きました。

人が持つ感情とは、一体、どのようなものなのでしょうか。そのうちのひとつである満足感から、老後を見渡すと予想を超える世界が広がっていました。そもそも満足とは、辞書では、十分に満ち足りていることとされていますが、一体、何が満ち足りると良いというのでしょうか。高齢者の生活で、一体、何が求められているのでしょうか。どのようにすれば、できるだけ長く、人間らしく暮らしていけると考えられるのか。人それぞれ持って生まれた寿命というものがある中で、必ず、愛する家族や友人と別れなければならないときが来ます。そのとき、自分にひとりになる番がまわってくることもあるかもしれません。そのようなとき、どのように対処し、どのように行動すれば良いのか。これは私たちひとりひとりにとって、非常に重要で難しい問題です。

家という制度が崩壊して久しく、これから増加する高齢者世代は、子世代の窮乏ゆえに、必ずしも若い世代から、十分な援助を受けられなくなることが予想されます。そして、その子世代も、さらに下の世代から受ける援助は、もっと少ないかもしれません。そんな環境変化を予測して、アンケート調査を実施し、多くの方々から意見を頂戴いたしました。その結果、満足のいく老後の姿を追いかけたら、結論は、なんと独居に行き着いたのです。

老後の生活満足度を決定づけるものは、慣れ親しんだ土地における真に信頼のおける友（親戚）と勝手気ままな暮らしでありました。これらは、どんなに高級な高齢者向け施設にも存在し得ないものです。身体能力が低下すれば、当然、苦しくなっていきますが、それは同居でも同じであり、さらに、これに家族への気遣いが加わるため二重に苦しむ結果に終わります。また、ホーム入所をしようとすれば、慣れ親しんだ土地から離れ、どうしても自分勝手にできず、何らかのルールに従わなければならなくなるため、入所した時点から、その人の人生の満足度は著しく低下してしまうことになります。

自由でやりたいことができることは、その人が最も望んでいることです。元気な間だけでなく、年齢とともにたとえどんどん体が不自由になっていっても、できるだけ自分で何でもやろうとすることが満足する老後生活には必要だと教えてくれています。また、精神は年をとっても老いることはありませんが、高齢になるにつれて、やはりいくらかは認知症の方向へと進んでいってしまう可能性があります。これを遅らせることはある程度できても、何人かの方々にとっては、どうしても避けきれないものかもしれません。それでも、今回のアンケートはできるだけ最後まで、ご自分の金銭管理をされることが、自らの能力を保持するためにも、役立つのではないかということを、私たちに語りかけてくれている気がします。残されたお金は、決して高齢者向け施設に入所するために使ってはなりません。人間誰しも、いずれ彼の地に向かいます。そのときの体の苦しみは、同居でも独居でもホームでも、同様ではないでしょうか。ならば、最期のときまで自分の意思で暮らすことができる可能性の高い独居が、一番、幸せに近い形なのではないでしょうか。

他人に頼るからだめなのです。人を頼れば、充分な支援がもらえなかったとき、ストレスがたまるのです。もともと何も期待していなければ、もし少しでも援助をもらえたら、とても感謝する気持ちが出てきます。気分良く、満足した日々をおくる確率を高めることができるはずです。

一体、人間は何を達成すれば満足し、どうすれば幸せと感じることができるのでしょうか。人間は何かをしたいと思って生きているわけではないかもしれませんが、何もしたくないと思って、生きているわけでもないと思います。年齢を重ねて、徐々に動ける範囲が狭くなっていっても、精神まで老いることはありません。認知症になるか、いよいよまったく動けなくなるまで、できる限り長く独居で、その人の思いのままに、少しでも多くの満足感を得ながら、暮らしていくことを目指していきたいものだと思います。

本出版にあたり、貴重なお話を聞かせて頂いた江田直介氏をはじめ、460名のアンケートに協力して頂いた方々、さらには、若い世代を含む多くの方々から、詳細にわたる貴重なご意見やお話を頂戴し、そのお陰でこの本を出版することができました。また、本書のきっかけとなった門真市医師会「お元気ですかコール」活動を支援してくださった長瀬眞一医師、自見弘之医師、さらに、本書の内容に大変有意義な議論や示唆を頂いた松本三千代看護師、水曜社の仙道弘生氏に深く感謝申し上げます。

最後に、これら一連の高齢者を支える活動を、発案当初から応援してくれ、励まし続けてくれた我が最愛の妻と子供たちに感謝したいと思います。

辻川 覚志（つじかわ・さとし）

1952年生。大阪市立大学医学部卒、脳神経外科を研鑽、脳神経外科専門医資格を取得。めまいに興味を持ち、関西医科大学耳鼻咽喉科に転籍。ドイツデュッセルドルフ大学耳鼻咽喉科留学、帰国後、厚生省前庭機能異常調査研究班の仕事に関与。一貫して神経系の研究ならびに臨床に従事。医学博士。日本耳鼻咽喉科専門医。1993年大阪府門真市にて耳鼻咽喉科医院開業。趣味は料理とパソコン。2011年より門真市医師会「お元気ですかコール」活動に従事。著書に『元気で長生き！知恵袋』。現在、子供（息子２名）は独立、妻と犬１匹の生活を送っている。

老後はひとり暮らしが幸せ

発行日　2013年10月31日　初版第一刷
　　　　2018年 2月20日　　　第七刷

著　者　辻川 覚志
発行者　仙道 弘生
発行所　株式会社 水曜社
　　　　〒160-0022　東京都新宿区新宿1-14-12
　　　　TEL 03-3351-8768　FAX 03-5362-7279
　　　　URL suiyosha.hondana.jp/
印　刷　図書印刷 株式会社

 ISBN978-4-88065-330-3 C0095